GTB
Gütersloher Taschenbücher
1439

Pinchas Lapide

Von Kain bis Judas

Ungewohnte Einsichten zu Sünde und Schuld

Gütersloher Verlagshaus

Die deutsche Bibliothek – CIP-Einheitsaufnahme

Pinchas, Lapide:
Von Kain bis Judas: Ungewohnte Einsichten
zu Sünde und Schuld / Pinchas Lapide. – Gütersloh:
Gütersloher Verl.-Haus, 1994
(Gütersloher Taschenbücher; 1439)
ISBN 3-579-01439-0
NE: GT

ISBN 3-579-01439-0

Umschlaggestaltung: Dieter Rehder, Kelmis / Belgien
unter Verwendung des Kupferstichs »Der verlorene Sohn«
von Matthäus Merian (1593–1650),
Archiv für Kunst und Geschichte, Berlin
Gesamtherstellung: Clausen & Bosse, Leck
Gedruckt auf chlorfrei gebleichtem Werkdruckpapier
Printed in Germany

Inhalt

Brief an Kain

Lieber Kain,
Happy Birthday!
In den Wirren so vieler Kriege ist uns leider das genaue Datum Deines Geburtstages abhanden gekommen. Trotz allerlei Meinungsverschiedenheiten und Vorurteile über Dich ist man sich aber einig, daß Du der Erst-*Geborene* der Menschheit bist, da ja Deine Eltern von Gott persönlich *erschaffen* wurden, was etwas ganz anderes ist.
Deine Mutter hat sich aber mächtig über Deine Geburt gefreut und überschäumte geradezu in ihrem Dank an Gott, wie wir in der Bibel lesen.
Du würdest staunen, was wir alles über das Ehe- und Geschlechtsleben der biblischen Gestalten wissen. Das macht ja die Größe dieses Buches der Bücher aus, daß es nichts beschönigt oder zensiert. Nichts Menschliches ist ihm fremd. Kaum ein Schriftsteller kann z. B. eine zärtlich-tragische Liebesgeschichte wie die von David und Michal erfinden – oder Wildwest-Abenteuer à la Simson erdichten.
Was Eure Familie betrifft, wird uns z. B. ganz deutlich und ohne Prüderie berichtet, wann Dein lieber Vater zum ersten Mal mit seiner Eva geschlafen hat. Warum auch nicht?
Lieber Kain, Du gehörst zu den verleumdetsten, mißverstandensten Geschöpfen dieser Erde. Die modernen Medizinmänner, die man heute Psychologen nennt, suchen und finden in Fällen wie dem Deinen die Schuld an den Schwierigkeiten der Kinder bei deren Eltern.
Ein Ober-Guru namens Sigmund Freud tendierte sogar dazu, gestörte Kinder einem Fehlverhalten der Mutter anzulasten.
Allerdings scheint die Deinige, gemäß Eurer Familienchronik im Buche Genesis, ein rechtes Früchtchen gewesen zu sein.
Deinen Vater hat sie offensichtlich um den Finger gewickelt. Gewichtige Fragen des Familienlebens, sogar Gespräche über Gott und die Welt, sowie schwerwiegende theologische Pro-

bleme pflegte sie ja mit exotischen Fremden zu führen – und stellte Adam dann vor vollendete Tatsachen.
Du und ich wissen ja, daß Evas fremder Gesprächspartner – man höre und staune – männlich war. Der hebräische NACHASCH – das heißt der »Schlangerich« – wurde erst in der deutschen Übersetzung zur Frau Schlange feminisiert!
Ich gehe doch richtig in der Annahme, daß Ihr alle untereinander und mit Dem Lieben Gott Hebräisch gesprochen habt – nicht wahr?
Es war Eva vielleicht gelegentlich etwas langweilig, immer so allein mit Adam auf der weiten Welt zu sein – insbesondere da Ihr Kinder erst nach der Vertreibung aus dem Paradies gekommen seid.
Ich will Dich nicht schockieren. Mir wurde hinter vorgehaltener Hand, unter dem Siegel strengster Verschwiegenheit erzählt, daß Dein lieber Vater, das Unschuldslamm, es mit der ehelichen Treue auch nicht so ganz genau genommen hat.
Stell Dir vor: Er soll eine feste Freundin namens LILLIT gehabt haben, die angeblich viel schöner war als Deine Mutter. Märchenerzähler, genannt Kabbalisten, behaupten es genau zu wissen: Die beiden Frauen lagen sich dauernd in den Haaren. Insbesondere als Eva Kinder zur Welt brachte, was Lillit, die Femme Fatale sozusagen, nicht geschafft hat.
In der Volksfrömmigkeit bleibt sie bis heute die Ur-Dämonin, vor deren Rache sich so manche gebärende Mutter fürchtet.
In den Bazaren des Orients werden noch immer sehr wirksame, auch künstlerisch wertvolle Amulette als Antitoxin gegen ihre schädliche Einwirkung angeboten – und auch vertrauensvoll angewandt.
Adam schien der schiefhängende Haussegen nicht sonderlich bekümmert zu haben. Er hat wohl seine Ruhe gewollt. Wie ich ihn verstehen kann! Noch dazu hatte der Glückspilz nicht einmal eine Schwiegermutter, da Der Liebe Gott scheinbar eine solche nicht ins Paradies setzen wollte.
Aber ich kann Dich beruhigen, lieber Kain: Dreiecksverhältnisse, eheliche Untreue und Eifersuchtsdramen gibt es noch immer zuhauf.

Eure Familienbeziehungen würde wohl so mancher heutiger Schamane als zerrüttete Verhältnisse bezeichnen – umsomehr da es sich ja um eine gut situierte Sippe gehandelt hat.
Es hat Euch doch an nichts Materiellem gefehlt und arbeitslos war Dein Vater auch nicht. Von Wohnungsnot oder Hunger haben wir nichts gehört.
Lieber Kain, im Gegensatz zu vielen Besserwissern bin ich bereit, Deine schwierige Kindheit als Argument bei der Beurteilung Deines Charakters zu berücksichtigen.
Wen habt Ihr, Du und Deine Brüder Abel und Schet eigentlich geheiratet?
Mit an Sicherheit grenzender Wahrscheinlichkeit waren es doch Eure Schwestern – oder? So handeln heute noch einsame Männer auf abgelegenen Südseeinseln – und zu einer geheiligten Tradition sogar wurde diese Sitte am Hofe der Pharaonen im alten Ägypten.
Du bist jedenfalls in aller Munde, kommst aber meistens schlecht dabei weg.
Dichter und Denker, Richter und Henker – sie alle brechen den Stab über Dich: Du seist der Erz-mörder gewesen, zum ewigen Wandern verdammt, und trügest ein Zeichen, das Deinen Namen zum Synonym des Brudermordes gemacht habe.
Lieber Onkel Kain, ich aber will heute keinen Stab über Dich, sondern eine Lanze für Dich brechen.
Wieso auf einmal »Onkel«, willst Du wissen?
Bekanntlich ist das Onkel-Sein oft recht ambivalent. Der Dichter Heinrich Heine hat darüber ein Klagelied gesungen – und dabei seinen angeblich geizigen Onkel Salomon aus Hamburg verewigt.
Ich und mit mir alle Artgenossen – Schwarz, Weiß, Rot und Gelb – sind, unglaublich aber wahr, samt und sonders Nachfahren Deines jüngsten Bruders Schet. Bekanntlich hat nur seine Linie aus Eurer Sippe den damaligen SUPER-GAU (das heißt doch der größte anzunehmende Unfall) namens Sintflut überlebt. Abel hast Du totgeschlagen, und seine Familie, von der mir meine Eltern noch so manches zu erzählen wußten, ging leider jämmerlich in der großen Flut unter – wie es auch Deinen

Nachkömmlingen erging. Also gehöre ich zu Deinen Großneffen.
Du wirst vom Himmel aus (wo ich Dich trotz allem wähne, und worauf ich gleich noch zurückkommen werde) so manche irdische Merkwürdigkeit beobachten. So etwa, daß die meisten »Erdlinge« (was dem hebräischen O-Ton von »Adam« entspricht) sich dauernd auf der Sündenbock-Suche für ihr falsches Tun oder Lassen befinden.
Ein Pranger muß her!
Das scheint jedermanns Anliegen zu sein.
Welch Glück, daß die Bibel die nachsintflutliche Menschheit weder als Opfer-Kinder noch als Täter-Kinder darstellt, sondern sie ganz deutlich als Nachkommen des unbeteiligten Dritten präsentiert: Deines Bruders Schet. Folglich ist niemand hienieden sozusagen erblich belastet, und von einer Kollektivschuld kann nicht die Rede sein. Jeder bleibt also seines Glükkes und seiner Unschuld Schmied.
In der christlichen Typologie und bei etlichen Kirchenvätern wurdest Du zum Juden befördert – hakennasig und schwarzhaarig, wie der kleine Moritz sich unsereinen halt vorstellt. Was sagst Du dazu?
Dein Bruder Abel wurde im selben Atemzug zum Christen geadelt, blond und blauäugig sozusagen, wie es sich gehört. Dabei wart Ihr alle doch weder getauft noch beschnitten, weder Jud noch Christ. Erst Euer späterer Nachfahre Abraham betritt als erster Hebräer die Weltbühne.
In einem Bestseller namens Neues Testament wird Abel, ohne mit der Wimper zu zucken, zum »Gerechten« erhoben, worauf angekündigt wird, daß »sein Blut über alle Pharisäer kommen würde« (Mt 23).
Was diese Herren eigentlich, 3700 Jahre nach Deiner Tat, damit zu tun hatten, bleibt, gelinde gesagt, bis heute schleierhaft. Die Pharisäer sind leider noch immer eine der beliebtesten Zielscheiben für christliche Verleumdungen – so daß eine mehr das Faß schier zum Überlaufen bringen könnte.
Könntest Du vielleicht, bei einem himmlischen Spaziergang, die Endredaktoren der Evangelien einmal in die Zange neh-

men, um festzustellen, weshalb sie »die Juden« so lieblos Schwarz-in-Schwarz gezeichnet haben? Mit Ausnahme natürlich von Jesus und seiner Apostelschar, obwohl diese alle keine Chinesen, sondern sogar Super-Juden gewesen sind.
Wir alle haben bis heute unter diesem Feindbild zu leiden.
»Unstet und flüchtig wie Kain sollen die Juden über die Erde wandern!« So verkündete zum Beispiel ein Papst im 13. Jahrhundert, der bis heute viele Gesinnungsgenossen hat.
In meinem nächsten Brief will ich Dir vom Pro und Contra des Staates Israel berichten, der oft mit solchen und ähnlichen Vorurteilen zu ringen hat, die zum Teil auf Dich zurückgehen.
Wenn die Juden – laut christlich-konservativer Meinung – zur Wanderschaft verdammt sind, dann haben sie doch keinen theologischen Anspruch auf politische Unabhängigkeit. Oder?
Besagte Kreise trauen den Juden außerdem die Fähigkeit nicht zu, selbst zu beurteilen, wer ihr Messias sei.
Stelle Dir vor, die Kirche hat das biblische Israel als enterbt erklärt und sich selbst zum Erben eingesetzt – zum »Neuen Israel« (welches in der Bibel aber nirgends vorkommt). Warum tat sie das? Weil Israel einen der Seinen – Jesus von Nazareth – nicht als Messias anerkennen wollte oder konnte – da doch unsere Welt noch so schrecklich unerlöst ist. Und der Messias sollte, prophetischem Programm gemäß, doch die Erlösung gebracht haben? Kannst Du diese Gedankengänge nachvollziehen?
Lieber Onkel Kain, was ist um Himmels willen zwischen Dir und Abel eigentlich schiefgelaufen?
Wart Ihr etwa Vorläufer der Hirten und der Bauern; der Cowboys und Farmer; oder der »Hörnles- und Körnles-Bauern«?
Dann könnte ich Dich beruhigen: Diese Streithähne raufen miteinander weiter bis zur Stunde.
Allerdings wart Ihr doch kein »Volk ohne Raum« – die ganze Erde stand Euch ja zur Verfügung. Andererseits hattet Ihr leider noch keinen Landwirtschaftsminister zur Seite, der Euren heutigen Kollegen bei jedem Desaster, sei es Dürre oder Über-

schwemmung, aus seinem großen Füllhorn ermutigende Entschädigungen zahlt.
Als alter Theologe will es mir aber bedünken, daß Ihr zwei Brüder eigentlich das erste Religionsgespräch auf Erden miteinander geführt habt. Du bist entsetzt?
Jahrtausendelang wurden Glaubensdialoge nach Eurer Manier und mit ähnlich bösen Folgen allerorts bestritten.
Es besteht also gar kein Anlaß für uns Heutige, Eure Fehltritte herablassend zu erörtern. Ging es, zutiefst gesehen, in Eurem Streitgespräch doch um die Frage, *wen* Gott mehr liebt! Was für ein tragischer Holzweg! Wo doch Gott, wie wir von den Propheten zu hören bekommen, alle Menschen liebt und ihrer Opfergaben gar nicht bedarf.
Ganz im Gegenteil! Die Menschen wollten nicht auf das Opfern verzichten. Es fällt mir auf, daß in der Genesis-Geschichte überhaupt kein Opfer verlangt oder vorgeschrieben wird. Also war es Euch wohl ein Urbedürfnis? Wenn dem so war, mein Lieber, dann machst Du eine schlechte Figur. Immerhin opferte Abel von den fettesten und besten Tieren seiner Herde. Du aber warst geizig, indem Du nur Überbleibsel von Deiner Ernte dargebracht hast!
Bei all meiner Sympathie für Dich kann ich Dir da nicht folgen. Wer wird denn ausgerechnet bei unserem Himmlischen Vater knausern?!
(Unter diesen Umständen wäre doch wohl unser heutiges System der Kirchensteuer das geringere Übel für Euch zwei gewesen! Nicht wahr?
Ich will Dir aber nicht verhehlen, daß auch diese Lösung bei den Kirchenfürsten und ihrem Volk – Ost und West – recht umstritten ist.)
Zurück zu Deinem und Abels großem Auftritt am selbstgebastelten Altar. Dort scheint Ihr wichtige Gespräche geführt zu haben – miteinander und mit Gott. Dieser, wie zu lesen ist, beobachtete Deine Wut auf Deinen Bruder und warnte Dich ausdrücklich vor falschen Taten und deren Folgen. Zu gern möchte ich wissen: War das eine innere Stimme, eine Vision, oder ein Tagestraum?

Frei entscheiden zwischen Gut und Böse – womit wir uns heute auch noch schwer tun – hättest auch Du damals schon sollen und können!
Die Sünde wird uns als Raubtier vorgestellt, das auf Dich (wie auch auf unsereinen) lauert, aber überwältigbar bleibt.
Was also ist in Dich gefahren, damals auf dem Feld mit Abel? Zugegeben, arrogant scheint er gewesen zu sein, eine Art Vorzugsschüler, der Dich fuchsteufelswild gemacht hat.
Aber, wo blieb Deine Notbremse? Hast wohl nonchalant einen herumliegenden Stein aufgegriffen, als Drohgebärde gegenüber dem fragilen Abel – der uns doch von seiner Geburt her schon als schwächlich geschildert wird? (Eva konnte ja noch nicht rechnen – war er gar eine Frühgeburt?)
Ein paar Bewegungen später – und Abel lag leblos zu Deinen Füßen. Bist Du dem Tod vorher je begegnet? Doch wohl kaum! Eine Frage, die sich unsereinem leider nicht mehr stellt. Mildernde Umstände möchte ich Dir daher zubilligen: Schmerz wolltest Du ihm zufügen, was schlimm genug ist. Das Töten jedoch war wohl kaum Deine Absicht – aber eben die Folge Deines unkontrollierten Wutausbruches.
Ist die Folgerung gestattet:
Du wußtest nicht, was Du tatest?
Ich sehe Dich angesichts des toten Abel wie gelähmt vor Schreck dastehen. Die unfaßbare Angst vor den Folgen Deiner Tat schleicht in Dein Herz.
Da kommt sie schon wieder, Die Stimme von Oben – oder war es das nagende Fragen in Deinem Innern? *»Wo ist Dein Bruder, Kain?«*
Du schriest auf: »Meine Schuld ist zu schwer zum Ertragen.« Die hebräische Originalsprache erlaubt aber, dank ihrer Vielschichtigkeit, auch eine andere Lesart: Du könntest an Gott appelliert haben »Ist meine Schuld zu groß zum Vergeben?« (Das Zeitwort *Nasso* gibt beide Möglichkeiten her.) Hast Du es so gemeint?
Das war ein großer Schritt vorwärts in der Moral-Geschichte der Menschheit. Du hast Dein Vergehen zugegeben, und, wenn auch unbeholfen, um Vergebung gebeten!

Eine Einsicht, zu der Deine Eltern mit ihren Sünden noch nicht herangereift waren.

Und jetzt kommt das Aufregendste: Gott freut sich an Deiner Reue und verleiht Dir – halt: kein *Kainszeichen* der Strafe, sondern ein Schutzzeichen auf Bewährung, »auf daß Dich keiner erschlage«: also Schluß mit aller Blutrache, Kollektivschuld und Sippenhaft, noch bevor sie auf die Weltbühne kommen.

Leider Gottes wird Gott von den Menschen gar oft mißverstanden – wie auch in Deinem Fall. Seine Bereitschaft nach erfolgter Reue und Buße dem Sünder zu verzeihen, ist immer noch größer als unsere Fähigkeit zu sündigen, wie es im Talmud so oft steht.

Gar oft schreie ich es von den Dächern:

Du, Kain, erhieltest von Gott ein Wahrzeichen Seiner Langmut und nicht ein Schandmal Seines Zornes! In diesem Sinne appelliere ich an die Redakteure aller Wörterbücher, die Definition der Vokabel »Kainszeichen« doch bitte bibelgemäß zu korrigieren.

Hoffentlich sieht man das auch von Kiel bis Konstanz bald ein und denkt bei der Vokabel »Brudermord« eher an Adolph Eichmann zum Beispiel, als an Kain, Sohn des Adam.

Nach all diesem aufwühlenden Geschehen, so erzählt uns die Bibel, gingst Du fort vom Tatort und hast eine Stadt gegründet. Erfinderisch und unternehmerisch warst Du allemal! Suchtest Du dort einen Neubeginn? Es tut mir leid, Dir berichten zu müssen, daß Städte heutzutage übel beleumundet sind. Sie seien Sündenpfuhle und Lasterhöhlen mit Götzenkulten aller Art. So mancher Abel wird dort noch immer Opfer seines Bruders.

Doch auch die Welt auf dem offenen Land ist nicht mehr heil. Hier wie da grassiert die Ich-Sucht unter den Menschen, die nicht imstande sind, die echte Du-Suche zu praktizieren.

Dein großes Vergehen damals, lieber Kain, war eigentlich Deine rücksichtslose Antwort auf die Kardinalfrage nach Abel: »Bin ich denn der Hüter meines Bruders«? So hast Du recht kaltschnäuzig geknurrt.

Viele Menschen wandeln heute leider noch immer in Deinen Fußstapfen, wissentlich oder unwissentlich! Wegen mangelnder Mitmenschlichkeit kam damals der große Super-GAU der Sintflut auf Euch erste Menschen.
Wegen noch ärgerer Unmenschlichkeit so mancher heutiger Täter, Zuschauer oder Wegschauer könnte über uns alle ein noch ärgerer Super-Gau kommen, was Gott verhüten möge.
Bis wir nicht alle die richtige Antwort lernen: »JA, ich bin der Hüter meines Bruders!« wird unsere Welt nicht heil sein. Wir könnten alle, in unserem Boot namens Erde, Halleluja gegeneinander singend, miteinander untergehen.
Lieber Onkel Kain, wie Du merkst, kann man heutzutage die Bibel ernst nehmen – oder wörtlich. Beides zugleich verträgt sich nur sehr schwer.
Hellhörigkeit und der Wille umzulernen helfen aber allemal, die mörderischen Klippen zu umschiffen und zugleich theologische Arterienverkalkung zu vermeiden.
Sei gegrüßt, Schalom Alecha,

Dein Pinchas.

Brief an König David

»Kein ausgekügelt Buch –
ein Mensch mit seinem Widerspruch«

So manche große Gestalten der Bibel, Altes und Neues Testament, haben uns ihre Lebensberichte und ihre Botschaften, ihre Visionen und ihre Alpträume in Briefform hinterlassen.
In seinen gewaltigen Episteln hat zum Beispiel der Rabbi Saul von Tarsus der Nachwelt in geballter Form mehr Substanz übermitteln können, als so mancher Schreiberling unserer Tage es in leinengebundenen Wälzern zu tun vermag.
Daher habe ich armer Epigone mich entschlossen, Euch, Majestät David, Sohn des Jischai, heute ein offenes, ja, ein öffentliches Schreiben zukommen zu lassen – in der Hoffnung, daß mir aus Euren elysischen Gefilden eine Antwort gewährt werden möge.

Lieber David,
wie wohltuend ist doch die biblische Anredeform, in der ein persönliches Gespräch von Mann zu Mann, auch zwischen nicht Ebenbürtigen, per Du möglich ist.
Deine Geschichte ist für uns Heutige so aktuell wie anno dazumal. Aus Deinen Erfolgen läßt sich noch immer vieles erlernen – aber auch Deine Fehltritte bleiben weiterhin abschreckend genug.
Wenige Gestalten der Weltgeschichte wurden so oft wie Du in Stein gehauen, in Holz geschnitzt, in Versen geschmiedet und in Musik vertont. Die ganze Palette menschlicher Gefühle rankt sich um Dich, um Deine Taten und Unterlassungen.
Für die einen bist Du der größte Liebhaber; für die anderen der Ehebrecher par excellence; Räuberhauptmann bist Du für eine Schule – ein siegreicher Feldherr gar für andere; In Deiner Gestalt leuchtet der große Volksbefreier auf – aber auch der Widerhall des Völkerunterdrückers klingt an.

Einmütige Anerkennung jedoch findest Du allerorts als Dichter, Minnesänger und messianischer Heilsbringer, dessen Gottergebenheit bis heute vorbildlich bleibt.
Aus dieser Kontrastharmonie, die die Gemüter noch immer aufwühlt, trittst Du jeder Generation schillernd und ganz verschieden aus dem Dunkel der Geschichte entgegen. Begeistert und von Gott angerührt warst Du allemal. Wer frei von Sünden ist – der werfe den ersten Stein auf Dich – der Du Deine Schwächen hattest, wie unsereiner auch.
Beim besten Willen kann ich mir keinen heutigen Politiker vorstellen – gekrönten Hauptes oder demokratischen Herzens – der so viele begnadete Komponisten dazu anregen könnte, so herrliche Meisterwerke ihm zu widmen, wie es Dir geschieht.
Lieber David, die Hauptquelle unseres Wissens über Dich ist das Alte Testament, das in Wahrheit weder alt ist noch ein Testament. Da sein Urtext aber, wie bekannt, Hebräisch ist, folgerte schon Dante Alighieri in seinem Werk »De Vulgari Eloquentia«, daß Gott bereits mit Adam und Eva im Paradies Hebräisch gesprochen haben muß – Deine Muttersprache also.
Eine große Karriere hast Du, mein Lieber, inzwischen auch außerhalb Israels gemacht. Weit über das Abendland hinaus wirst Du bei den Christen als Stammvater ihres Heilands verehrt. Die Hebräische Bibel, mit all ihren schaurigen und schönen Berichten über Dich, ist auch zu ihrem Heiligen Buch geworden.
Hier aber sind wir schon bei des »Pudels Kern«; nämlich die vielen, folgenreichen Übersetzungsfehler, die bis heute so manche der deutschen Bibelausgaben belasten.
Jede Übersetzung übt Ersetzung. Kein Wunder also, daß die Italiener das Sprichwort geprägt haben »Traduttore – Traditore«, das jeden Dolmetscher als Verräter denunziert.
Unvermeidlich verrät er nämlich entweder seine Muttersprache oder die Zielsprache seiner Arbeit. Voltaire drückte diesen Befund poetisch aus:
»Jeder, der ein Meisterwerk der Literatur in einer Übersetzung liest – und das ist nun einmal auch die Bibel –, der gleicht

einem Mann, der ein Rendezvous mit einer schönen Dame verabredet – aber des Abends mit ihrer häßlichen Schwester ausgeht.«

Auf den Punkt gebracht hat Meister Martin Luther die Mühsal jedes Bibelübersetzers:

»Wir mühen uns jetzt ab, die Propheten zu verdeutschen. Was ist das doch für ein großes, beschwerliches Werk, die hebräischen Schriftsteller zu zwingen, Deutsch zu reden! Wie sträuben sie sich, ihre hebräische Ausdrucksweise zu verlassen und sich dem groben Deutsch anzupassen! Es ist, als ob man eine Nachtigall zwänge, ihren melodischen Gesang aufzugeben, um den Kuckuck nachzuahmen, dessen eintönige Stimme sie verabscheut ...« An anderer Stelle schreibt Luther:

»Die Ebräische Sprach' ist die allerbeste und reichste an Worten, hat ihre eigene Farbe, so daß es ihr keine nachtun kann. Wenn ich jünger wäre, so wollt' ich diese Sprache lernen, denn ohne sie kann man die Heilige Schrift nimmer mehr recht verstahn. Darum haben sie recht gesagt: Die Ebräer trinken aus der Bornquelle; die Griechen aber aus den Wässerlin, die aus der Quelle fließen; die Lateinischen aber, trinken aus den Pfützen.« So seufzte einst der Reformator, der die Bibel zum deutschen Lesebuch zu machen vermochte.

Lieber David, hoffentlich drehst Du Dich in Deinem Grabe in Jerusalem nicht vor Ärger um, wenn ich Dir berichte, was etliche Übersetzer mit einigen Deiner Psalmen angestellt haben. Nehmen wir, stellvertretend für viele, den Psalm 150:

Die Geschichte fängt ja ganz schön an, indem sie von einem klangreichen Musik-Instrument handelt. In der deutschen Übersetzung empfiehlst Du Deinen Lesern: »Lobet Den Herrn mit Posaunen, lobet Ihn mit Pauken und Reigen, lobet Ihn mit Saitenspiel und mit ... ??«

Das fragliche Wort, das nun folgt, heißt bei Luther: Harfe; bei Buber: Schalmei, und in fast jeder Übersetzung steht ein anderes Instrument: Flöten, Pfeifen, Zithern kommen vor, und viele andere mehr. Im Urtext aber steht: *Ugaw*, was vermutlich ein Blasinstrument war. Als nun die Bibel vor rund 2300 Jahren ins Griechische übertragen wurde, wußten die Übersetzer

nichts mit diesem *Ugaw* anzufangen und schrieben daher schlicht *Organon*, den Sammelbegriff für Musikinstrumente aller Art – um so vorsichtshalber alle Deutungsmöglichkeiten offen zu lassen.
650 Jahre später aber, als Hieronymus dieselbe Stelle ins Latein übertrug, bedeutete *Organon* bereits im engeren Sinne *Orgel* – und so kam es zum Imperativ: »Lobet Den Herrn mit der Orgel!«
Dies wurde später zum Anlaß, den Orgelbau in ganz Deutschland mit frommem Eifer zu betreiben. Und so mancher Kirchenvorstand hat seine Zustimmung zum Bau einer kostspieligen Orgel mit dem 150. Psalm begründet. Wer wagt es schon zu widersprechen, wenn der Orgelbau angeblich in der Bibel selbst schwarz auf weiß vorgeschrieben ist?
Lieber David, gestatte mir die Frage: Welches Instrument hast Du eigentlich gespielt? Du wirst die Stirne runzeln. Schließlich zeigen Dich Tausende von Gemälden als strahlenden Jüngling oder als ehrwürdigen Greis – mit einer Harfe in der Hand. Als Sprachwissenschaftler muß ich aber gestehen, daß der hebräische Begriff *Kinnor* als Musikinstrument von uns heutigen nicht mehr einwandfrei als Harfe zu identifizieren ist.
Könntest Du mir vielleicht mittels einer kleinen Vision Klarheit verschaffen? Die Frage fasziniert mich seit langem. Die Bibel stellt uns bereits im 4. Kapitel des Buches Genesis den ersten Menschen vor, der als Stammvater aller Musiker gilt. Er lebte noch vor der Sintflut, hieß *Juwal* und spielte – oh Schreck – zwei Instrumente, die wir ebensowenig identifizieren können. Wie dem auch sei, mich erfüllt mich der Gedanke mit Freude, daß schon im Morgengrauen der Geschichte Musik und Poesie, wenn auch in primitiver Form, die Menschen zu beflügeln vermochten.
Trotz allem Elend, das über Dein Volk im Laufe der Jahrhunderte in den Ghettos von Osteuropa hereingebrochen ist, haben die Juden ihre innige Beziehung zur Musik niemals verloren. Die heute so beliebte *Klesmer*-Musik zum Beispiel ist ein Kind jener Tage, als drei Männer in jedem Städtchen zu fröhlichen Festen und Familienfeiern aufzuspielen pflegten.

Auf diesem Mutterboden gediehen auch viele Kantoren, deren Söhne und Enkel später berühmte Opernsänger, Geiger oder Pianisten wurden.
Von den heutigen russischen Einwanderern wird in Israel berichtet, daß die Mehrzahl von ihnen mit einem Geigenkasten unter dem Arm aus dem Flugzeug steige.
Wie sich herausstellte, sind diejenigen ohne Kasten in der Regel Pianisten.
Deine Psalmen, lieber David, wurden zum Herzstück aller Gottesdienste, vom damaligen Tempel in Jerusalem über Tausende von Synagogen quer durch die Jahrhunderte, bis zu unzähligen Kathedralen und Kirchen in unseren Tagen.
Ja, sogar Konzertsäle und Arenen sind mit Deinem unsterblichen Lobgesang erfüllt. Von der Wiege bis zur Bahre helfen die Psalmen dem Gläubigen, seine Gefühle auszudrücken: Er schreit, er weint, er hofft, er jauchzt, er dankt und er jubelt zu Gott – alles in Deinen Worten. Hast Du Dir das je erträumt?
Selbst der Heiland der Kirchen, ein galiläischer Rabbi namens Jeschua, genannt Jesus von Nazareth, der ein Nachfahre von Dir sein soll, rezitierte Deine Psalmen zeit seines Lebens. Er starb am Römerkreuz mit Deinem 22. Psalm auf seinen Lippen *Eli, eli, lama asawtani?*
Auch hier haben sie Dich falsch übersetzt. Er schrie nicht auf: *Warum* hast Du mich verlassen – wie in den deutschen Bibeln zu lesen ist – sondern: *Wozu* hast Du mich verlassen? Hier geht es um einen gewichtigen Unterschied. Es handelt sich ja um den jüdischen Sterbepsalm – und Jesus starb also erfüllt von Gottvertrauen – und nicht verzagt und vom Zweifel angenagt, wie ihn sogar manche christliche Theologen darstellen.
Die Bedeutung übrigens der verschiedenen Anweisungen an die Chormeister, die Du in Deine Texte eingebaut hast, sind uns leider abhanden gekommen. Was bedeutet zum Beispiel das *Sela* eigentlich? Wie mitreißend müssen doch Deine sogenannten »Stufengesänge« aus den Kehlen Hunderter von Leviten auf den Höhen von Zion in Jerusalem einst geklungen haben! Bis heute singen die Nachfahren Deiner einstigen Unter-

tanen mit Begeisterung an all ihren Feiertagen das große Hallel, das aus Deinen Psalmen 113–118 besteht.
Doch auch den Bedrückten, die schwere Stunden zu erleiden haben, sind Deine Verse nach wie vor hilfreich und tröstlich. In den orthodoxen Synagogen jedoch wird als Zeichen der Trauer um die Zerstörung des Tempels nicht mehr musiziert – bis dereinst der Messias kommt.
Du weißt ja noch aus Deiner Zeit: drei Juden haben im allgemeinen vier Meinungen. Daher haben wir im heutigen Judentum, genau wie in früheren Zeiten, mehrere widersprüchliche Strömungen. Unsere Reformierten bieten jedenfalls herrliche Musik in ihren Gebetsstätten an – häufig wiederum in Vertonung Deiner Psalmen.
Hier aber sind wir bei einem gewaltigen Zankapfel angelangt. Ob wohl der ganze Psalter von Dir persönlich stammt – das wird häufig von Modernisten hinterfragt. Die Traditionalisten hingegen wissen es ganz genau: Jede Silbe ist unverwechselbar davidisch! Für Deine allertreuesten Verehrer aber gibt es kein Dilemma: Die Psalmen insgesamt sind Dein exklusives Werk – mit etlichen Ausnahmen, die eben in Deinem Geiste verfaßt sind.
Da haben wir's! Man kann die Bibel – wie gesagt – ernst nehmen – oder aber man nimmt sie wörtlich. Beides zusammen verträgt sich nur sehr schlecht. Einen allegorischen Zugang wiederum bevorzugen viele unserer Zeitgenossen, die die alten biblischen Weisheiten in moderner tiefenpsychologischer Verpackung andächtig aufnehmen.
Bildlich gesprochen kann man das Buch der Bücher auf drei Arten lesen: hingebungsvoll auf den Knien; am Schreibtisch werkelnd oder aber nachdenklich im bequemen Lehnstuhl.
In diesem Sinne möchte ich Dich ganz unbefangen nach Deinem recht komplizierten Verhältnis zu König Saul, Deinem Vorgänger befragen. Er muß doch sehr an Dir gelitten haben – und gleichzeitig seelisch auf Dich angewiesen gewesen sein.
In seiner Schwermut brachte ihn Deine Musik immer wieder die ersehnte Linderung. Wie modern mutet doch Deine Methode der Musik-Therapie uns an!

Der schöne, kraftstrotzende Jüngling – der Du warst, forderte aber zu Recht, wie ich meine, Sauls Eifersucht heraus. Der Erfolg war Dir eben von Anfang an hold. Als jüngster, unbedeutender Sohn des Herdenbesitzers Jischai von Bethlehem wirst gerade Du vom Propheten Samuel erkoren und gesalbt. Später wirst Du zum umjubelten Helden des Volkes, nachdem Du den schwerbewaffneten Erzfeind Goliath mit Deiner Steinschleuder besiegt hast. Du eroberst alle Frauenherzen und überlistest den Erbfeind, die Philister.
Bei aller Liebe zu Dir kann ich Sauls Gefühle nachempfinden, als sein Sohn und Thronerbe Jonathan Deinem Charme ebenfalls erliegt und Dein bester Freund wird. Den Höhepunkt stellt wohl Deine Vermählung mit Sauls Tochter Michal dar.
Bei Deiner Weltgewandtheit kannst Du sicher ahnen, was böse Zungen von Dir und Jonathan zu flüstern wissen. Seit langem bin ich Euer überzeugter Verteidiger, denn der Bibeltext gibt keinen Grund zu einer Bezichtigung der Homosexualität. Mir scheint, daß Jonathan, zutiefst gesehen, das schwierige Amt des Königs von Israel nicht angestrebt hat und seelische Anlehnung bei Dir suchte – und auch fand. Männerfreundschaften dieser Art waren und sind im Orient ganz üblich und erregen keineswegs Verdächte und Häme, wie es hierzulande üblich ist.
Eines der frühesten Beispiele gelebter Feindesliebe – oder Entfeindungsliebe, wie ich es übersetzen würde – hast Du erwiesen, als Saul Dir nachjagte, um Dich zu töten. Du verstecktest Dich mit Deinen Mannen in einer Höhle. Justament in dieser abgelegenen Höhle zog sich der König zurück, um seine Notdurft zu verrichten – oder, wie die Bibel es eleganter sagt: »um seine Füße zu bedecken«.
Er war nicht nur in Deiner Reichweite, sondern befand sich auch in einer Situation, die an Hilflosigkeit grenzte.
Dennoch schlugst Du den Rat Deiner Freunde, ihn hinterlings zu töten, in den Wind – schnittest aber ganz leise einen Zipfel seines Rockes ab. Gleich darauf konfrontiertest Du ihn in aller Öffentlichkeit mit dem corpus delicti in der Hand und neigtest Dein Antlitz tief zur Erde – mit den Worten:

»Gegen wen zieht der König von Israel zu Felde? Wem jagst Du nach? Einem toten Hund? Oder einem einsamen Floh?«
Saul war ergriffen von Deiner Demut und schenkte Dir wieder einmal sein Vertrauen.
Ein brillanter Stratege – oder ein glänzender Rhetoriker – oder gar beides zugleich – warst Du allemal!
Mittels vorgelebter Feindesliebe, königlicher Notdurft, einem Rockzipfel und dem »einsamen Floh« konntest Du einen weiteren Meilenstein auf Deinem Königsweg setzen.
Du wolltest vom Beginn Deiner Geschichte an ja hoch hinaus.
Von Geburt warst Du bekanntlich der achte und letzte Sohn Deines Vaters Jischai. Damals wurden die Alten und Älteren hochgeschätzt, denn sie waren der Born des Wissens und die Tradenten der Traditionen. Bei uns besorgt das alles der Genosse Computer. Daher war der Jüngere bei Euch in der Regel der Diener des Älteren. Das waren noch Zeiten!
(Diese axiomatische Lebensregel ist auch in die Theologie eingegangen. Bereits die Bibel legt uns die Umwelt-Fürsorge mittels vieler Bestimmungen ans Herz! Zusammenfassend wird gelehrt: Der Jüngere sorgt für den Älteren – ergo hat der Mensch als Jüngster der Schöpfung die Geschöpfe der ersten fünf Tage – Erde, Flora und Fauna – zu betreuen.
Auch der Sabbath, der am Siebenten Tage gestiftet wurde, ist daher für die Menschen da, und nicht umgekehrt.
Auch darin waren sich Jesus und die Rabbinen wieder einmal völlig einig.)
Ganz in dieser Tradition waren die jüngsten Söhne meistens hintangesetzt in der damaligen Stammesgesellschaft.
Nur einer gewährt Ausnahmen von dieser Regel: Es ist *Gott*. Gar oft bevorzugt *Er* doch die Jüngeren, die Ärmeren und die Außenseiter, allen Menschensatzungen zum Trotz.
Die Bündnisse mit den Urvätern wurden häufig mit den Schwächeren und Spätgeborenen geschlossen – von Isaak über Jakob und Joseph bis hin zu Dir, lieber David.
Im Talmud sieht man in dieser Vorliebe Gottes eine Ermutigung für alle Zukurzgekommenen. Der Mensch soll und kann also mit den Aufgaben, die er sich stellt, wachsen.

Dieser Herausforderung bist Du, lieber David, mit fliegenden Fahnen gerecht geworden.
Begabt genug warst Du ja. Die wortkarge Bibel, die ansonsten keinerlei überschäumende Stilblüten kennt, unterstreicht Deine auffallende Schönheit und erwähnt sogar Deine blonden Haare und – man höre und staune – Deine blauen Augen! Woher Du die wohl geerbt haben magst? Europäische Einflüsse dürften zu Deiner Zeit kaum denkbar gewesen sein. 2000 Jahre nach Dir erst kamen Kreuzritter aus deutschen und fränkischen Landen nach Jerusalem und hinterließen in der Bevölkerung so manche genetische Spuren – was sich bis heute auffällig bei blonden, blauäugigen Drusenmädchen erweist.
Lieber David, erlaube mir hier einen Aufschrei! Michal, die Tochter des Königs, die in ihrer Zerrissenheit zwischen Vater und Mann Dir stets die Treue gehalten hat – ja mehrfach unter Lebensgefahr Dein Leben gerettet hat – Michal hast Du schnöde behandelt. Öffentlich blamiert hast Du sie und dann noch sitzenlassen.
Ja, Du, David, der Unwiderstehliche – und die Frauen! In gewissen heutigen Feministinnenkreisen hat die biblische Frau einen gar schlechten Ruf. Sie sei tumb, unterdrückt und ein ausgebeutetes Werkzeug des Mannes gewesen. Du schmunzelst? Erinnerst Dich wohl an die großen Frauengestalten Deines Lebens?
War Bathscheba jemals unterdrückt? Sie bestimmte zuguterletzt sogar den Thronfolger in Deinem Hause – nämlich ihren Sohn Salomon! Eine Meister-Verführerin muß sie in ihren besten Jahren wohl gewesen sein, nicht wahr?
Lebhaft stelle ich mir Eure berühmte Szene vor: In der Abenddämmerung, nach des Tages Mühen, schöpfst Du ein wenig frische Luft auf dem Dach Deines Palastes.
Und siehe da – wer nimmt in nächster Nachbarschaft, rein zufällig, zur selben Zeit in Evas Kostüm ein Bad? Wer?
Es ist die schöne Bathscheba, die keineswegs mit ihren Reizen geizt. Die Folgen dieses Badens sind inzwischen in aller Munde.
Daher nimmt der Prophet Nathan kein Blatt vor den Mund –

und auch uns wird es kundgetan –, wie fehl Dein Verhalten damals gegenüber Uriah dem Hittiter, dem Gatten Deiner Geliebten Bathscheba war. An die gefährdetste Stelle der Front hast Du diesen Dir treu ergebenen Mann gesandt – um nach seinem Tod Bathscheba ehelichen zu können. Doch Nathan erfuhr von dem Skandal und kannte in Sachen Moral keine königlichen Privilegien. Im Gegenteil: Als Leuchtturm der Sittlichkeit will er den Herrschenden sehen – von dem er mehr erwartet und nicht weniger als vom einfachen Volk.

Harazachta wegam jaraschta – drei schicksalsschwere Worte schleuderte er Dir öffentlich entgegen: zu Deutsch: »Hast Du gemordet und willst noch dazu erben?« Eine Anklage, die zum geflügelten Wort wurde und bis heute nichts an Aktualität eingebüßt hat.

Nun aber bewährst Du Dich. Vor allem Volk gestehst Du Deine Schuld, bereust das begangene Unrecht und gelobst Besserung. Vor Gott erniedrigst Du Dich und erflehst Sein Erbarmen. Ihm gilt bei all Deinen Holzwegen und Irrwegen Deine unverbrüchliche Treue. Von Deiner Demut könnte sich vielleicht so manche heutige Persönlichkeit des öffentlichen Lebens eine Scheibe abschneiden.

War Abigail etwa unselbständig und ein Heimchen am Herd? Im Hause ihres Mannes, Nabal vom Karmel, hatte sie das Heft fest in der Hand. Mit politischem Gespür hat sie den jungen Freibeuter, der Du damals warst, gleich in seiner ganzen Statur richtig eingeschätzt und ihre Karten auf ihn gesetzt. Als Nabal starb, wurde sie alsbald Deine Frau – aber eben doch eine unter vielen. Zu Deiner Verteidigung sei es gesagt: Die Polygamie war landesüblich und gereichte Dir nicht zur Sünde. Hinter vorgehaltener Hand will ich Dir verraten, daß nicht einmal in unserer scheinheiligen Zeit alle Männer ihr Eheleben absolut monogam gestalten.

Es ist die Größe der Bibel, daß sie uns schonungslos und unzensuriert ihre Leitgestalten vor Augen führt. Keine Schwarz-Weiß-Malerei ist es, die sie uns bietet, sondern eine Fülle von Zwischentönen und Nuancen, so schillernd wie das Leben selbst.

Bei all Deinen Waffengängen, schon als junger Feldherr-in-spe bis in Deine alten Tage hast Du zu jeder Zeit – oder war es Strategie? – Dich der besiegten, sich ergebenden Gegner angenommen. Deine Leibwächter, so erfahren wir in der Bibel, d. h. die Dir am nächsten standen, waren Krether und Plether, deren Heimat Mittelmeerinseln waren.
Ist Dir schon zu Ohren gekommen, daß auf diese Deine Umgebung bezugnehmend, der Begriff »Krethi und Plethi« hierzulande ein Haushaltswort geworden ist? Es ist allerdings ein Synonym für allerlei Gesindel.
Du wirst es nicht glauben, aber in unserer freien Republik gibt es immer noch einen Bodensatz von Fremdenfeindlichkeit.
Da war doch Deine Beziehung zum ehemaligen Erbfeind Philister geradezu beispielhaft.
Schließlich ging der Ausländer *Ittai* aus der Philisterstadt *Gatt* mit Dir durch dick und dünn – in guten, aber besonders auch in schlechten Zeiten. Er stand treu zu Dir in der Talsohle Deiner Karriere, als Du auf der Flucht warst vor Deinem rebellierenden Sohn Absalom. »Schont mir den Knaben, den Absalom!« So schriest Du damals auf. Dazu gehört wahre Größe! Das Kind schlägt über alle Stränge, vertreibt Dich aus Jerusalem in die Wüste – und Deine Liebe zu ihm ist so echt, daß Du auch dann noch um ihn bangst. Deine Getreuen schütteln den Kopf. Als Absalom dann besiegt wird und Du nach Jerusalem zurückkehrst, trauerst Du tief um ihn. Ja, Dein Leben gäbe Stoff für so manche griechische Tragödie.
Nicht zur Nachahmung aber eignen sich deine Erziehungsmethoden. Warum, um Himmels willen, hast Du Dein Haus nicht bestellt? Deine vielen Söhne – von Deinen verschiedenen Frauen – scheuten nicht vor blutigen Rivalitäten zurück, um die Thronfolge an sich zu reißen.
Mord, Rebellion, Vergewaltigung und Verrat waren in Deinen Herbstjahren in Deinem Palast an der Tagesordnung.
Spannender als jeder Roman berichtet uns die Bibel darüber in Einzelheiten. Und dennoch überwiegen die Lichtseiten im Gesamtgemälde Deines Lebenswerkes.

Deine Zuversicht auf Gott und Sein Bund mit Deinem Haus haben Bestand und inspirieren viele Menschen bis auf den heutigen Tag. Dein Sohn und Nachfolger Salomon konnte viele Deiner Träume verwirklichen und zuguterletzt den Tempel in Jerusalem erbauen. Diese Erfüllung blieb Dir zeitlebens versagt – wohl wegen des vielen Blutvergießens, das Du verursacht hast, wie die Bibel ganz nüchtern feststellt.
Viele Kriege hattest Du zu führen. Ist es vielleicht das Schicksal dieses kleinen Landes, so oft umkämpft zu werden, wegen seiner Brückenkopf-Funktion an der Nahtstelle von drei Kontinenten: Europa, Asien und Afrika?
Wer weiß?
Immer wieder prallen dort verschiedene Gerechtigkeiten aufeinander und im Namen Gottes wurde schon viel Blut vergossen. Eben deshalb will Gott Seinen Tempel nicht von Dir, sondern von Deinem friedlicheren Sohn Salomon erbaut wissen.
Ganz in diesem Sinne betreten orthodoxe Juden bis auf den heutigen Tag niemals den Tempelberg. Warum wohl? Auf daß aus diesem Brennpunkt des Mono-Theismus nicht abermals Funken sprühen mögen, die einen Flächenbrand entzünden könnten. So bestimmten es die Talmud-Meister schon vor 2000 Jahren – und ihre Weisheit bewährt sich heutzutage wiederum.
Ganz unberührt davon wird es Dich erstaunen zu hören, daß viele evangelikale Christen in aller Welt es mit Wohlwollen erwarten, daß der Staat Israel alsbald auf dem Tempelberg in Jerusalem den Tempel anstelle der beiden dortigen Moscheen errichten möge – woran zum Glück niemand in Israel denkt.
Was hat das mit den Christen zu tun, so wirst Du fragen. Sehr viel! Denn aus ihrem heiligen Buch, genannt das Neue Testament, entnehmen sie, daß ihr Heiland seine Wiederkehr erst nach erneutem Tempelbau durch die Juden beschleunigen würde.
Das ist aber nicht die Meinung aller Christen, die unter sich genauso uneins sind wie Juden und Moslems auch.
Wie dem auch sei, dieser Pluralismus ist ohne Frage jeder Glaubensdiktatur vorzuziehen.

Daß Dir zu Deiner Zeit das heutige Theologen-Gezänk erspart geblieben ist, ist mir ein Anlaß, Dir zu gratulieren.
Lieber David,
ich muß mich zügeln, denn alle Facetten Deiner Geschichte zu erörtern, würde den Rahmen eines Briefes unvermeidlich sprengen.
Eine Person aus Deinem Hofstaat bitte ich unbedingt von mir zu grüßen. Es ist Avischag aus der Stadt Schunem, Deine letzte große Liebe!
Fast all Deine Gegner hast Du mit Elan besiegt oder überwunden. Zwei aber blieben unbesiegbar – das Altern und der Tod. Wolltest Du Avischags Jugendfrische Dir selbst aneignen? »Liebe ist stark wie der Tod«, so sang später Dein Sohn Salomon in seinem mittlerweile weltberühmten HOHELIED DER LIEBE. Aber besiegen kann sie den Mann mit der Sense eben doch nicht. Avischag wird mehrmals als besonders schön, anmutig und blutjung geschildert, und mit besonderer Rührung lesen wir, daß sie Dich liebevoll betreute – aber, wie tragisch: Es wird uns lakonisch mitgeteilt: »Und der König schlief nicht mit ihr«. Was für eine tragische Tatsache für einen Meister der Liebe, der Du warst!
Auch das blieb Dir also nicht erspart – Dich als Hochbetagter in eine 18-jährige zu verlieben.
Auch hier aber ist Dir allzu Menschliches widerfahren: Du bist in bester Gesellschaft – schließlich war es jahrhundertelang der Traum aller Jungbrunnensucher, lange zu leben, ohne alt zu werden. Auch der hierzulande hochverehrte Johann Wolfgang von Goethe erlitt im hohen Alter mit seiner lieben Ulrike von Levetzow ein ähnliches Schicksal wie Du. Heutzutage wimmelt es allerdings von Gesichtschirurgen, Kosmetikern, Schafzellenverpflanzern und Genetikern, die einen neuen Zugang zu den Problemen des Alterns suchen.
Wie weise mutet dagegen doch die von Abraham berichtete Einstellung zu Alter und Ableben an. »Und Abraham war satt an Tagen«, sagt es die Bibel in ihrer Schlichtheit.
Mit all Deinen Schwächen aber bleibst Du unsterblich. So wie Du einst voller Enthusiasmus vor der Torah in Jerusalem ge-

tanzt hast, tun es auch heute immer noch Tausende und Abertausende von Juden in aller Welt – insbesondere auch an Deinem Geburtstag, der alljährlich am Jüdischen Pfingstfest begangen wird.
Aus Deinem Hause erwarten sie mit Inbrunst den Messias, der dieser geschundenen Menschheit endlich die Erlösung bringen wird.
Mit ihnen wartet sehnsüchtig

Dein Pinchas

Brief an die Mutter des verlorenen Sohnes

Liebe Schwester,

Eure Familie, das wird Dir bekannt sein, ist weltberühmt geworden. Die Konflikte Deines Mannes mit Euren Söhnen sind in aller Munde. Die einen, die Modernisten, rümpfen die Nase und erachten Eure Erziehungsmethoden als weitaus zu patriarchalisch.

Die Traditionalisten hingegen erzählen Eure Geschichte mit einem Hauch von Nostalgie: Bei Euch habe es eben noch Zucht und Ordnung gegeben, wie sie behaupten; ein Idealzustand, den manche von ihnen heutzutage herbeibeten möchten.

Der weitverzweigte Freundeskreis eines modernen Dämonenaustreibers namens Sigmund Freud andererseits stellt die Diagnose mit schlafwandlerischer Sicherheit: Bei zerrütteten Familienverhältnissen und mißratenen Kindern gibt es nur eine Antwort auf die Schuldfrage, nämlich die Mutter. Womit wir bei Dir angelangt wären.

Ein galiläischer Rabbi namens Jesus von Nazareth, der Euch gut kannte, hat Euch sogar zu den Leitgestalten eines seiner vielzitierten Gleichnisse gemacht.

Bei der Lektüre des spannenden Berichts über das Drama in Eurem Hause fällt dem Leser als erstes Deine Abwesenheit auf. Völlig undenkbar für eine jüdische Mutter von echtem Schrot und Korn. Und daß Ihr eine alteingesessene jüdische Familie wart, geben sogar Eure Gegner zu.

Das Gewitter braut sich zusammen, die Beziehungen trüben sich, es gibt großen Krach – und keine Mutter mischt mit!?

Unwillkürlich denkt man da an Sara zum Beispiel, die immerhin schon 1700 Jahre vor Dir ihren Mann gestanden hat und sich zielbewußt in den Familienquerelen für ihren Sohn Isaak einzusetzen wußte. Aber was rede ich da – Du wirst doch Deine Ahnfrauen besser kennen als ich!

Rebekka zum Beispiel, die im Hause Isaak das Heft ganz fest in der Hand hielt, trat vehement für ihren Sprößling Jakob ein.

Ich kann es mir nicht verkneifen, stellvertretend für viele, nicht beim Namen genannten großen Frauen auch Deiner Zeitgenossin »der des Zebedäus« zu gedenken. Diese hast Du mit an Sicherheit grenzender Wahrscheinlichkeit persönlich gekannt – galiläische Jüdinnen, die Ihr ja beide wart! Von ihrer Tapferkeit und ihrer aufopfernden Solidarität mit ihren beiden Söhnen könnte sich so manche(r) Schreibtischheld(in) von heute eine dicke Scheibe abschneiden.
Der Rufmord, dem sie in weiten christlichen Kreisen anheim gefallen ist und noch immer fällt, empört mich immer wieder. Sie, die bereit war zum *Martyrium*, wird als karrieresüchtig verleumdet.
Doch darüber ein andermal. Grüß mir also die Zebedäerin!
All diese meine Lieblingsgestalten reihen sich ein in das Heer der jüdischen Mütter, denen das Judentum mehr zu verdanken hat als so manchem lauthalsen Säbelrassler.
Warum also hören wir nichts von Dir? Ich weigere mich zu glauben, daß Du ein Heimchen am Herd warst und Deinem Alten das Sagen überlassen hast. Mit vorgehaltener Hand will ich Dir verraten, daß es hierzulande militante Feministinnen gibt, die Euch biblische Frauen für tumb, passiv und unterworfen halten. Du schmunzelst? Denkst wohl zuguterletzt an das Unschuldslamm Bathscheba, das mittels eines harmlosen Bades Königin von Israel wurde und sogar die Thronfolge ihrem Sohn Salomon zuzuschanzen wußte. Oder denkst Du jetzt vielleicht – wie ich – an die Hure Rachab, die das Schicksal von ganz Israel mitgestaltet hat?
Nein! – willenlose Marionetten in den Händen Eurer Männer wart Ihr Hebräerinnen keinesfalls. Also haben Dich die Herren Endredaktoren der Evangelien offensichtlich totgeschwiegen oder wegredigiert.
Gerade weil Euer Familienzwist nur allzu menschliche Züge trägt und desgleichen seither immer wieder mal vorkommt, beschäftigt er viele Bibelleser bis auf den heutigen Tag.
Was war eigentlich los bei Euch? Ihr hattet einen großen Hof und wart mit allem gesegnet. Wohlstandsgesellschaft also!

Aber, oh Schreck, die heranwachsenden Söhne gerieten sich ständig in die Wolle. Das kommt heute noch in den besten Kreisen vor.
Dein Erstgeborener scheint ein bedächtiger, an die Scholle gebundener Bauer gewesen zu sein.
Dein Jüngster jedoch war offensichtlich ein Luftikus: für die Landarbeit war er sich zu gut, und der Duft der großen, weiten Welt ließ ihn nicht zur Ruhe kommen.
Es ist eben eine manchen Männern angeborene Sehnsucht, die Welt zu erobern – sei es mittels Wanderlust, Gewalt oder gar Geistesblitze.
Wieder andere ziehen aus, um das Gruseln zu lernen. (Das bleibt uns heute erspart, da man besagtes Gruseln unentgeltlich des Abends vom Fernsehen ins Wohnzimmer geliefert bekommt).
Bei Deinem Sohn aber lagen die Dinge anders. Er hatte eine Schwäche für die Weltmacht Rom, die Euch damals in Galiläa grausam unterjochte. Nennen wir das Kind beim schrecklichen Namen: Er war ein Überläufer.
Woher ich das weiß? Nun ja, vom Lukas-Evangelium. Ich las da, daß er eines Tages sich seinen Anteil am Hof auszahlen ließ. Ich kann mir unschwer Deinen Mann vorstellen, der kopfschüttelnd diesem nicht alltäglichen Wunsch nachkam und gerechterweise auch Eurem Ältesten seinen Anteil übergab. Ich kann Dich aber trösten, solche Fälle passieren bis heute noch, sogar im Freistaat Bayern.
Ja, die Söhne haben nicht immer Geduld genug, um abzuwarten, bis der Alte das Zeitliche segnet – um ihr Erbe antreten zu können.
Und ein kluger Vater will Streit vermeiden und bestellt sein Haus – damals und heute auch.
Euer Sohn aber rafft sein Erbe zusammen, geht in die weite Welt hinaus, verpraßt das Geld – und wird dann ein »Schweinehirt«.
Da haben wir's!
Das war nämlich zu Euren Zeiten das Geheimwort für Überläufer. Da für Juden Schweine-Halten und -Verzehr von der

Bibel verboten sind, gab es in ganz Israel keinen Bedarf an Schweinehirten. Bei den Römern hingegen war die Nachfrage groß.
Sie aßen gerne Schweinefleisch, und ihre Zehnte Legion, die das Heilige Land okkupiert hielt, hatte sogar einen Eber als Emblem für ihre Truppen. Erst neulich fand man in Jerusalem bei Ausschachtungsarbeiten wiederum römische Ziegel mit besagtem Eber eingeprägt.
Daher benutzt auch Jesus diese Metapher gelegentlich in seinen Gleichnissen: »Werft Eure Perlen nicht vor die Säue!!«
Wen meint er wohl dabei?
Bekanntlich haben Bauern in aller Welt keine Perlen für ihre Vierfüßler übrig. Es ist dasselbe Bild: Die Säue sind Römer, und die Perlen sind Bibel-Weisheiten, die nicht für die Römer bestimmt waren.
Auch in der berühmten Heilungsgeschichte Jesu in Gerasa kommen 2000 Schweine vor, in die die Dämonen des Besessenen hinein getrieben werden – und dann samt und sonders ins Meer stürzen. Hast Du davon gehört? Es geschah ja in Eurer Nähe.
Die bösen Geister waren für Euch Juden damals am besten bei den verhaßten Römern aufgehoben – aber insbesondere weit fort im Meer, von wo dieselben Römer ja ursprünglich hergekommen waren.
Damit kein Zweifel aufkomme, wer mit dieser Parabel gemeint ist, stellt sich der ausgetriebene Ober-Dämon mit Namen vor: »Ich heiße Legion, denn unserer gibt es viele!« So lese ich es bei Markus, dem Evangelisten.
Zu solchen Legionären aber lief Dein Früchtchen alias »Schweinehirt« über.
Eine weitere Bestätigung dieses Verrats liefert sein späteres Schuldgeständnis: »Vater, ich habe gesündigt gegen Den Himmel und vor Dir!«
Wenn er sein Erbteil verpraßt hat, so war es eine Sünde gegen seinen Vater – aber doch nicht gegen Gott, sollte man meinen. Zu einer solchen wird erst sein Verrat an der ganzen Gemeinschaft.

Wie Du siehst, ist die Bibel für mich immer noch ein heiliges Buch voll Inspiration und Gnade, aber auch ein Buch des Lebens, das sich nicht scheut, Höhen und Tiefen des Menschentums ganz ungeschminkt uns vor Augen zu führen.
Deswegen geht mir die Geschichte Eurer Familie so unter die Haut. Ich kann es nachvollziehen: Deinem Jüngsten – Weltmann, der er nun einmal nicht war – bekommt die Römer-Eskapade recht schlecht. Er geht pleite, wird ausgebeutet, ist der Kuren satt, erkrankt und hungert.
Wie menschlich!
Jetzt erinnert er sich schmerzlich an das gemachte Bett daheim. Er geht in sich und sieht auf dem langen Rückweg nach Hause seine Fehler ein. Und hier sind wir bei der Moral von der Geschichte angekommen.
Leider Gottes sind nur wenige Menschen – Private oder Politiker – bereit, ihre Vergehen öffentlich zu bereuen und einen Neubeginn zu suchen.
Er nähert sich zaghaft den heimischen Gefilden. Und siehe da, wider Erwarten, läuft ihm Dein Mann voller Freude entgegen, akzeptiert das gestammelte Schuldbekenntnis und setzt ihn auf Eurem Hof, allerdings nur als Tagelöhner, sofort wieder ein.
Das rechne ich Deinem Alten ganz hoch an. Wir Eltern müssen eben häufig zum Schenken, Schweigen und Schlucken bereit sein – und reumütige Kinder jederzeit wieder aufnehmen – auch wenn es nicht immer leicht fällt.
Aber Euren Ältesten hat Dein Mann in seiner Euphorie doch schlecht verstanden, wie mir scheint.
Er war ja der Jungbauer und hielt Feld und Hof zusammen.
Er kann einen an das weiland sprichwörtliche Milchmädchen erinnern, auf das man nur aufmerksam wird, wenn es einmal nicht kommt.
Dein Mann hätte doch seinen Erstgeborenen zumindestens von dem großen Ereignis der Rückkehr des »Verlorenen Sohnes« informieren sollen – und ihn selbstverständlich zum Festbankett einladen müssen.
Recht hat Euer Ältester gehabt, denn solch eine Brüskierung mußte sein Ansehen beim Personal erheblich schwächen – ins-

besondere da sich ja die meisten Knechte an die alte Rivalität der Brüder lebhaft erinnerten.
Ja, die biblischen Geschichten von Vätern, Söhnen und Brüdern haben's in sich.
An vorbildlichen, aber auch an abschreckenden Beispielen mangelt es nicht.
Waren Jakob oder David, bei all ihrer Größe, etwa hervorragende Erzieher? Und auf den Bruderzwist zwischen Isaak und Ismael beziehen sich schließlich heute noch Millionen von Menschen.
Dein Mann war also gezwungen, die Dinge wieder zurechtzurücken, und Eurem grollenden Ältesten – angesichts des rauschenden Festes – seiner Liebe und Schätzung zu versichern.
Der daheim Gebliebene beklagt sich:
»Nichts habe ich mir gegönnt. Immer nur gearbeitet habe ich, und gesorgt. Und doch hast Du mir nie das kleinste Geschenk gemacht. Nicht einmal einen Bock aus der Herde hast Du je für mich schlachten lassen – Deinem Früchtchen aber servierst Du gleich das Mastkalb!«
Liebe Schwester, was für ein herrliches Gemälde aus dem bäuerlichen Familienleben hat Dein Sohn da gemalt!
Man hätte doch wirklich für den großen Festschmaus irgendeine Ziege aus Eurem Stall schlachten können, und nicht gleich das wertvolle, einzige Mastkalb.
Um des Hausfriedens willen beruhigt ihn eilends Dein Mann.
Jeder erfahrene Bauer wird sich in Eure Lage hineindenken können.
Errötend muß ich Dir gestehen, daß auch in unserer angeblich verkopften Gesellschaft derartige Ausrutscher häufig passieren.
Die Zuverlässigen, Beständigen – vielleicht eher Langweiligen – werden übersehen, während die Flatterhaften, Unberechenbaren verwöhnt werden – und Beachtung finden.
Kürzlich sah ich in Rothenburg ob der Tauber eine herrliche Stuckdecke, die Eure Geschichte in Stein verewigt.
Und siehe da, beim großen Bankett wird in der Tat, bäuerlich sparsam, ein Schwein serviert!

Da siehst Du wieder einmal, wie sehr die Kirchen und ihre Ausleger Eure jüdische Geschichte ihrem Mutterboden entfremdet haben. Diese Fehldeutungen ein wenig zurechtzurükken, ist das Ziel meiner Bemühungen.
Ja, nur wenige Familien, gekrönt oder volkstümlich, haben einen Ruhm wie den Euren über die Jahrhunderte erlangen können.
Ihr seid jederman vertraut, und Eure Gestalten sind allerorts zu bestaunen – in Farbe gemalt, in Holz geschnitzt und in Stein gehauen.
Eure Geschichte hat nach wie vor vielschichtigen, erzieherischen Wert. Es ächzt und krächzt bei Euch an allen Ecken und Enden.
Sei mir nicht böse wegen diesem unsanften Nasenstüber: Das Verhältnis zwischen Dir und Deinem Mann stimmte offensichtlich nicht ganz. Auch zwischen Dir und den Söhnen herrschte weitgehend Sprachlosigkeit. Der Vater ist total überfordert und kommt mit der familiären Beziehungskiste nicht klar, handelt oft parteiisch und impulsiv.
Du wirst sagen, ich hätte leicht reden. Ich bin eben bemüht, aus Euren Fehlern zu lernen! Dein Jüngster konnte wohl Eure familiäre, bäuerliche Enge nicht ertragen. Junge Leute fallen eben immer wieder auf die alte Verlockung herein, die da besagt: Das Gras jenseits des Zaunes scheint wesentlich grüner zu sein.
Euer Ältester litt andererseits an Furcht vor der Freiheit. Auch das kennen wir heutzutage bei Menschen, die das Gestrige vergolden und die heutigen Schwierigkeiten verabsolutieren.
Eine spannende Frage läßt das Lukas-Evangelium offen: Wie habt Ihr alle, Du und Deine drei Männer, die dramatischen Entwicklungen des Auseinandergehens der Wege, der Versöhnung und des In-Sich-Gehens eigentlich verkraftet? Ist es zu einem echten Neubeginn gekommen? Und hat sich jeder von Euch in seiner neu gewonnenen Einsicht auch bewährt? Schließlich wart Ihr auch gegenüber Eurem Hausvolk und Tagelöhnern verpflichtet, ein gutes Beispiel zu geben – eine Auf-

gabe, die so mancher heutiger Verantwortungsträger grob vernachlässigt.
Einen ganz anderen Implikationsbereich der Ereignisse habe ich noch nicht erwähnt. Du kannst Dir kaum vorstellen, zu welch einer Fundgrube an Lehren und Lehrstücken Euer Tun und Lassen den Kirchen verholfen haben.
Viele Theologen haben sich geistlich Eurer angenommen. Mannigfach und schillernd sind die Auslegungen, die dem Kirchenvolk vorgesetzt wurden und noch immer werden.
Horribile dictu! Ihr wurdet zu einer christlichen Enterbungslehre Israels mißbraucht. Ja, sogar zum Beweis des angeblichen Entzuges der Göttlichen Gnade von Israel mußtet Ihr herhalten.
Eine althergebrachte, vielen geläufige christliche Aussage behauptet, daß die Kirche »das Israel Gottes« sei und ergo die Juden ausgebootet, im Dunkeln tappend und missionierungsbedürftig der erneuerten Annahme durch Gott harren müssen.
Als Bestätigung für diese Überzeugung wird wieder einmal Eure Geschichte ins Feld geführt:
Dein Mann ist, bildlich gesprochen, Gott Selbst. Das eigensinnige, ewig-gestrige Israel ist Euer Ältester, der neidisch und eifersüchtig die Annahme der Heiden – wofür Dein Jüngster steht – durch Gott vereiteln will.
Gott setzt Sich angeblich über diese Engstirnigkeit glatt hinweg, bevorzugt den Neu-Bekehrten und setzt ihn als gleichwertig und gleichberechtigt ein. Hier werden einige textuelle Unstimmigkeiten mit dem Gleichnis geflissentlich übersehen oder zurechtgebogen.
So zum Beispiel wird, im Wortlaut, der heimgekehrte Sohn zwar liebevoll als solcher wieder angenommen, aber doch in der Stellung eines Tagelöhners – und eben nicht als Mitbesitzer.
Häufig wird auf die angeblich autoritätsstiftende Rolle des vom Vater geschenkten Ringes gepocht. Unser Text jedoch spricht nicht von dem Ring, sondern von einem Ring, das heißt also von irgend einem Ring, den Euer Jüngster erhielt. Dem Älte-

sten, nun angeblich Hintangesetzten beteuert der Vater ausdrücklich seine immerwährende Treue, mit den Worten: »Alles Meinige ist auch Dein.«

Ein Wortlaut, der jedwede Enterbungshypothese ganz eindeutig in den Wind schlägt.

Daß Euer Jüngster seinem Vater als »verloren gewesen und wieder gefunden«, ja sogar als »tot gewesen und wieder lebendig geworden« galt, mag die Phantasie des Fremden überfordern.

Aus der jüdischen Tradition aber, wie Du und ich sie kennen, galt jedoch ein Verräter und Überläufer für seine Familie als tot und verloren. Um so größer war, gegebenenfalls, die Freude, wenn er Reue übte, Buße tat und wieder heimkehrte.

Wie sagten doch die Talmud-Meister:

»Wo Bußfertige stehen, werden nicht einmal vollkommen Gerechte stehen können.«

Im Talmud wird in einer ähnlichen Parabel berichtet, daß ein König (womit Gott gemeint ist) Seinem bußwilligen, sündigen Sohn voller Freude entgegeneilt, um ihm Vergebung zu schenken.

Als Ermutigung für unsereinen wird in der Folge an Gottes bleibende Einladung erinnert:

»Wenn Ihr *mir* die Tore der Reue auch nur wie ein Nadelöhr öffnet, so werde Ich euch die Tore der Vergebung so weit wie ein Scheunentor auftun.«

Und genau von diesem jüdischen Gottesverständnis wollte der Rabbi von Nazareth aller Welt in seinem schönen Gleichnis erzählen.

Du staunst, liebe Schwester, wie weit jüdische und christliche Quellen in so wichtigen Fragen doch übereinstimmen!?

Recht hast Du, und in bester Gesellschaft befindest Du Dich auch.

Wir Juden haben es längst gewußt, und viele Christen kommen auch langsam darauf, daß ihre Religion auf jüdischem Mutterboden entstanden ist und ihr Heiland zeitlebens ein gläubiger Jude war. Deswegen mögen Dir so manche christliche Parabeln, die ich erwähnte, eine Wiederhörensfreude bereitet haben, da ihre Wurzeln Dir längst vertraut sind, nicht wahr?

Sei gegrüßt, meine liebe Mit-Hebräerin,
von Deinem sündigen Bruder,
Pinchas.

Kaiphas: des Hohepriesters Nachtgedanken

Alle Jahre wieder, um die schöne Frühlingszeit, bin ich in aller Christen Munde – komme aber dabei sehr schlecht weg.
Was heißt hier eigentlich *Christen*?
Am Tatort, anno 33, in unserer heiligen Stadt Jerusalem, kannte kein Mensch einen solchen Begriff. Zu unserer Zeit hieß »Christos« auf Griechisch: Der Angemalte, oder: Der Angestrichene, und bezog sich auf erfolgreiche griechische Athleten und Ringkämpfer, die vor den Wettkämpfen mit Olivenöl einmassiert wurden.
Moment mal, ich erinnere mich ferner, daß man vor frischgestrichenen Gartenbänken mit der Anschrift gewarnt wurde: Neo-Christos! – will sagen: Neu angestrichen!
Ich soll also der Gegner der Christen gewesen sein? Zu meiner Zeit gab es überhaupt noch keine solche Religion. Doch das stört meine Verleumder nicht im geringsten.
Meine angebliche Gegnerschaft wird mir seither, auch posthum, wie ein Mühlstein um den Hals gehängt. Jahraus, jahrein diene ich als Buhmann aller Getauften.
Ein Pranger muß eben her – im Christenlager! Und Kaiphas, der damals die jesuanische Botschaft nicht glauben wollte, der muß jetzt, landauf, landab, dran glauben. Gott meiner Väter!
Ohne meine angeschwärzte Silhouette im Hintergrund hätte ihre geheiligte Tradition doch keinerlei dramatischen Effekt. Ein strahlender Held ist da; eine spannende Handlung ebenfalls, aber ein wuchtiger Bösewicht hat eben gefehlt! Ohne einen solchen kommt keine aufregende Geschichte aus.
Nun haben sie für diese Rolle gleich eine Doppelbesetzung erkoren: Judas Iskariot und Kaiphas, der Hohepriester. Wir beide sind geradezu austauschbar in der so lebenswichtigen Rolle des Schurken.
Dabei konnte ich Judas nie ausstehen, diesen frechen Hans-Dampf-in-allen Gassen; vor Jesus, dem Galiläer jedoch, hatte ich Respekt – der war eben aus einem Holz geschnitzt.

Wäre denn ohne meine angebliche Denunziation ihre Geschichte fesselnd genug gewesen, um über die Jahrtausende hinweg immer wieder Menschen zu inspirieren?
Dank schulden sie mir also für meinen Anteil an ihrer Heilsgeschichte!
Gezögert hat er doch, ihr Rabbi Jeschua; verdrängt hat er die Stunde der Offenbarung – bis die Ereignisse sich überstürzten in der hektischen Pessach-Atmosphäre jenes Jahres 33 (nach ihrer Zeitrechnung).
Hätte er nur als galiläisch-pharisäischer Rabbi in Nazareth amtiert – gar viel jüdisches Blut wäre bis heute verschont geblieben! Talentiert genug war er ja –, zum berühmten Schriftgelehrten hätte es wohl gereicht. Die Heiden aber würden noch immer Wotan und Freya Pferdefleisch opfern.
Für ihre Erlösung hat Israel unzählige Märtyrer gestellt – nicht nur die Drei von Golgotha! Wo bliebe denn das Christenheil ohne den jüdischen Messias und das Heilsinstrument Kaiphas?
Noch einmal möchte ich, um Gottes willen, diese Jahre von 18 bis 36, da ich als Hohepriester in Jerusalem amtierte, nicht durchleben.
Nichts wissen die Christen über unsere sadduzäische Geschichte, aber als Haushaltswort vermarktet uns jeder Kirchenfürst und so mancher Dorfpfarrer.
Wir paar dutzend Familien – und mehr waren es nicht – die wir verantwortlich waren für das Herzstück des Judentums, den Tempeldienst in Jerusalem, saßen zwischen allen Stühlen.
Der einzige, der mich vielleicht verstehen würde, wäre der Papst in Rom – mitsamt seiner Kuria. Mir scheint, er hat so viel Ärger in den eigenen Reihen und ist so einsam, wie ich es damals war.
Wie ich ihn verstehe! Unser beider Berufung war und ist, das Bestehende zu bewahren. Und siehe da, von allen Seiten wird man da bedrängt: von Außenstehenden und von Eigenen; von Modernisten und von Reaktionären.
Als wenn ich damals keine anderen Sorgen gehabt hätte, als die Botschaft jenes Nazareners zu studieren.

Beschimpft soll er uns Sadduzäer haben! Sein jüdisches Temperament, in der Tat! So sind wir eben alle miteinander umgegangen. Eine alte Sache: Drei Juden haben mindestens vier Meinungen.

Den Vogel abgeschossen mit Schelttiraden und Mahnreden haben aber schon unsere alten Propheten von anno dazumal. Dagegen war Jesus geradezu butterweich.

Meine Hauptsorge aber war der römische Prokurator. Pilatus war keineswegs ein gütiger, väterlicher Philosoph. Jahr für Jahr wurde sein Druck brutaler und massiver. Jedes Pessachfest pflegte er Militär von Cäsaräa hinauf nach Jerusalem zu verlegen, um jeden Anflug von jüdischer Rebellion im Keime zu ersticken.

Als Hohepriester und Politiker hatte ich Tag und Nacht abzufedern, zu verteidigen und zu vertuschen. Daß nur kein Blut fließe, war mein stetiges Anliegen. Dank erntete ich dafür nie.

Die Pharisäer, die immer mehr Zuspruch im Volk fanden, machten uns Sadduzäern mit ihren modernistischen Bibelauslegungen die Hölle heiß.

Ein persönlicher Messias muß her! Das war die neueste Lehre, für die dann ihre jungen Leute in den Straßen der Hauptstadt zu demonstrieren bereit waren. »Messianitis«, so nannten wir unter uns ihre Anfälligkeit: eine akute Entzündung der Hoffnungsdrüsen sozusagen, an der ihre Urenkel heute noch immer zu leiden scheinen.

Wie der Teufel auf Seelenfang pflegte Pilatus auf jede Unruhe zu reagieren und wild dreinzuschlagen.

Ja, es stimmt: Pessach war seit Moses' Zeiten unser großes Befreiungsfest. Trotzdem bleibt es mir unklar: Warum mußten die Pharisäer, koste was es wolle – in Verbindung mit allerlei Zeloten und Sikariern – immer wieder passahliche Unruhen heraufbeschwören?

Aber das war noch lange nicht alles, denn auch im eigenen Lager hatte ich keinen Honig zu lecken. Ich habe es nie öffentlich zugegeben, wie sehr mein Schwiegervater und Vorgänger im Amt, Annas, mir zur Last gefallen ist.

Trotz meiner jahrelangen Bewährung in Amt und Würden pflegte er nach wie vor mir über die Schulter zu schauen und mir in wichtigen Angelegenheiten dreinzureden.
Mit Empörung erinnere ich mich noch, wie er damals die Verschlußsache des Wanderpredigers aus dem fernen Nazareth an sich reißen wollte.
Nicht zu vergessen vermag ich auch den permanenten Ärger, den mir eine kleine, aber sehr eigensinnige Gruppe von sogenannten Essenern gemacht hat. Obwohl viele von ihnen aus unseren Familien stammten, war ihnen unsere sadduzäische Tempelverwaltung nicht koscher genug. Sie hatten, natürlich, den einzig richtigen Weg zum Heil gepachtet. Von ihrer Wüstenzentrale in Qumran am Toten Meer aus beliebten sie die Massen von Jerusalem gegen uns aufzuhetzen.
Und Pilatus spielte alle jüdischen Parteien gegeneinander aus.
Denunziationen und nächtliche Razzien waren an der Tagesordnung. Wer die damalige Last nicht mitzutragen hatte – der hüte sich heute vor vorschnellen Urteilen!
Nicht weniger als 6000 Juden, galiläische, pharisäische und sadduzäische, ließ allein Pilatus während der zehn Jahre seiner Amtszeit in Jerusalem willkürlich ans Kreuz schlagen.
All unseren internen Differenzen zum Trotz war er unser gemeinsamer Feind.
Die römische Kopfsteuer saugte unsere Landsleute aus und rief die Zeloten auf die Barrikaden.
Was sollte ich tun, in meiner Einsamkeit?
Für die einen galt ich als Mitläufer; für die anderen als Reaktionär; für Pilatus gar war ich verantwortlich für alle Juden insgesamt.
Als hätte er sich je die Mühe gemacht, wie man sich das im fernen Abendland vorstellt, unsere komplizierten Lehren zu studieren! Um etwa zu unterscheiden zwischen rebellischen Galiläern und asketischen Essenern?
Umbringen ließ er sie alle wahllos, sogar im Tempel, bei Pilgerfesten – wenn es ihm paßte.
Hebräisch soll er gelernt haben; und jüdische Sitten, wie zum

Beispiel das Händewaschen als Symbol der Unschuld, seien ihm geläufig gewesen.
Wenn es nicht so traurig wäre, würde ich lachen. Wie oft geschah es in meiner Amtszeit, daß er, um uns zu demütigen, seine Adler-Standarten zu unseren Feiertagen mitten im Tempel aufpflanzen ließ.
Wie beschämend waren die Hohen Feste, als er unsere priesterlichen Amtsgewänder coram publico beschlagnahmen ließ!
Mein ganzes Leben verlief zwischen Hammer und Amboß. Die Erinnerung an die endlosen Debatten mit den Pharisäern, ob es eine Auferstehung der Toten gäbe oder nicht, nervt mich heute noch! Offen ist diese Frage der Fragen aber allemal geblieben!
Der jüdische Streit, ob man die römische Kaisersteuer zahlen solle oder nicht, tobte jahrelang.
Vor allem standen die Sieben Schulen der Pharisäer uns gegenüber wie ein Mann, in der Überzeugung, daß noch in unseren Tagen der Messias, mitsamt dem Himmelreich, kommen würde.
Mir wollten sie diese Märchen aufbinden – mir, der mehrere derartige Messias-Anwärter, meistens aus Galiläa, wie Sternschnuppen plötzlich auftauchen sah – die dann genauso schnell auch wieder verglüht waren.
Jedesmal gab es dabei blutige Unruhen in Jerusalem und schwere Opfer im Volk zu beklagen. Ich aber mußte immer für alle bei Pilatus geradestehen.
Und dann nannten sie mich noch einen Erzkollaborateur! Die dauernden Neuinterpretationen der Torah seitens der Pharisäer machten uns großen Kummer; als ob das Alt-Bewährte nicht doch das Beste ist und bleibt!
An was sollte sich denn da unsere geplagte Generation noch halten können?
Ja, wenn ich Dich vor mir sehe, Joseph von Arimathea, mein Freund und Synhedrion-Kollege! Du bist dem Charisma des Nazareners, wie mir scheint, erlegen. Als gestandener Mann und Verantwortungsträger durfte ich mich aber nicht betören lassen.

Was soll das heißen? Mir nichts, dir nichts, reitet er ganz symbolträchtig auf einer Eselin in Jerusalem ein und läßt sich vom Mob als Messias bejubeln. Wenn ich an jenen Aufruhr denke, wird mir schwarz vor den Augen.
Kaum konnte ich Pilatus beruhigen. Die Stadt war voller Pilger; es wimmelte nur so von Proselyten und Gottesfürchtigen aus aller Herren Länder. Bewahrung von Ruhe und Ordnung war das Gebot der Stunde. Mußte dieser Jesus ausgerechnet vor dem Pessachfest meine Geduld auf die Zerreißprobe stellen?
Seine Messias-Anmaßung als solche hat mich nicht aus der Ruhe gebracht. Juden blieben diese Volks-Verführer ja allemal! Die Wirren und Verwirrnisse aber brachten mich damals in helle Verzweiflung. Worauf es wirklich ankam, war und blieb das Himmelreich, das leider Gottes bis heute noch auf sich warten läßt.
Pilatus spürte sofort, wie ein Raubtier, was sich da anbahnte. Er holte noch mehr Truppen aus Cäsaräa herauf und scheute sich nicht, etliche jüdische Pilger mitten im Tempel, beim Opferdienst, grundlos und hinterlings umbringen zu lassen – ganz ohne philosophische Betrachtungen über die Wahrheit oder dergleichen.
Bis heute schrecke ich des Nachts auf, wenn ich an jene Pessachtage denke. Zugegeben: Nikodemus, mein alter Kamerad, Du mahntest und warntest mich des öfteren vor voreiligen Schritten.
Doch beim besten Willen konnte ich keine Zeichen einer bevorstehenden Erlösung Israels wahrnehmen.
Ein Messias, der sich versteckt – welch ein Widerspruch! Und in der Tat, Jesus wankte: Bald ließ er sich verherrlichen, bald verbarg er sich in den Dörfern. Die Unruhe im Volk und bei den Römern aber wuchs von Tag zu Tag.
Doch er setzte das Spiel mit dem Feuer fort – obwohl ich ihn durch Abgesandte warnen ließ. Freunde, die er dann öffentlich als »Spitzel« lächerlich machte.
Vor der Burg Antonia, in aller Öffentlichkeit, brachte er das Faß zum Überlaufen. Man stelle sich vor! Er empfahl dem

Volk, zwar verschlüsselt und doppelzüngig, die Zahlung der Kopfsteuer an die Römer zu verweigern.
Ja, mir kam zu Ohren, daß er seiner Bande von Aposteln gestattete, Schwerter zu kaufen und sogar zu tragen. Man bedenke! Schwere Vergehen waren dies gegen die Gesetze der Besatzungsmacht, die in solchen Fällen Kollektivbestrafung der ganzen Umgebung zu vollziehen pflegte.
»Stellvertretendes Sühneleiden« kündigte er an. Von mir aus, bitte! Aber doch nicht auf Kosten unbescholtener Dritter!
Fast stündlich verstärkte sich mein Eindruck, daß er ein Fanal zur Rebellion setzen wollte. Wußte dieser »Weltverbesserer« nicht von den über drei dutzend gescheiterten Aufständen seit Makkabäerzeiten und dem schweren Blutzoll, den sie gefordert hatten?
Von seinem verheißenen Himmelreich war noch immer keine Spur zu entdecken. Gott läßt Sich eben nicht bedrängen, wie mein Vater zu sagen pflegte.
Ich bewahrte die Ruhe, obwohl Annas mich dauernd zum Eingreifen aufforderte.
In dieser unerträglichen Spannung war es der Nazarener selbst, der dem Faß den Boden ausschlug: Mit Waffengewalt verjagte er vor den versammelten Pilgerscharen unschuldige Devotionalienhändler vom Tempelplatz. Man stelle sich einmal eine solche Szene am Petersplatz zu Rom vor – mit Herrn Drewermann etwa als Austreiber. Nicht auszudenken!
Er sei »der Sohn Gottes« und der Tempel sei »das Haus seines Vaters«, verkündete Jesus lauthals. Na und?!
Gottes Kinder sind wir alle – und Stiefkinder hat unser Vater im Himmel bekanntlich keine!
Was Jesu spätere griechische Anhänger in diese Worte hineinzulesen beliebten – was geht das mich an?
Die Stunde der Wahrheit war gekommen und das Bild wurde immer klarer. Wenn ich ihn weiter gewähren ließe, würden seine fanatischen Jünger zum Aufstand blasen und Pilatus zu einem Blutbad von nie gekannten Ausmaßen provozieren.
Ob ich nun beliebt war oder nicht – ich war mir der Verantwortung vor der jüdischen Geschichte sehr wohl bewußt.

Seinen Tod wollte ich nicht, keineswegs.
Aber Jesus war nicht mehr aufzuhalten. Die Meister haben mich gelehrt:
»Es ist besser, daß ein Mann sterbe,
als daß das ganze Volk verderbe.«
Halt! Sterbe? Tag und Nacht kündigte er selbst öffentlich seinen baldigen, freiwilligen Tod ja an. Es wurde mir berichtet, daß er versprochen habe, ohne Wenn und Aber, »für alle« in den Tod gehen zu wollen, und das aus freien Stücken!
In jenen schwersten Stunden meines Lebens soll ich mich eines Wichtes namens Judas Iskariot bedient haben, um ein brennendes Problem des Gemeinwohls zu lösen?!
Das war nicht mein Stil – auch wenn es der späteren christlichen Theologie so in ihren Kram gepaßt hat.
Wir kannten unsere Stadt von Kindesbeinen her; und Jesus machte keinen Hehl aus seinem Aufenthalt. Was hätte dieser Judas mir da verraten können?
Ja, es war soweit. Ich machte, wenn auch schweren Herzens, Pilatus auf die explosive Stimmung in der Stadt aufmerksam, die sich um Jesus zusammenzubrauen begann.
»Es ist besser, daß ein Mann sterbe,
als daß das ganze Volk verderbe ...«
Das Damoklesschwert hing über uns allen –, die Würfel mußten fallen.
Ich, der Hohepriester, habe keinen MESSIAS an die Römer ausgeliefert.
Was wurde uns später nicht alles nachgesagt!
Das Synhedrion habe in der Pessach-Nacht »getagt« und ihn zum Tode verurteilt. Was für eine böswillige Unterstellung! Als habe Pilatus in seiner »endlosen Güte« auf eine solche Empfehlung gewartet!
Alles, was stattgefunden hat, war ein Vor-Verhör im Privathaus meines Schwiegervaters Annas – wegen massiver Ruhestörungen in der Stadt.
Ich habe mir übrigens erzählen lassen, daß damals, im Hinterhof von Annas, Jesu erster Stellvertreter, jener Kepha, genannt Petrus, seinen Meister recht schnell und ganz unverhohlen ver-

leugnet hat – noch dazu gleich dreimal hintereinander! Und das vor dem Küchenpersonal! So weit her scheint es also mit der Jesuanertreue auch nicht gewesen zu sein. Ist das nicht jener, der später zu ihrem Papst gekrönt wurde? Na ja ... Was sich damals wirklich begab, das werde ich nie vergessen:

Römische Soldaten haben Jesus verhaftet, gegeißelt und ans römische Kreuz genagelt. Wir Juden hatten überhaupt keinerlei solche Befugnis. Eine Horde jüdischer Schaulustiger soll Pilatus angeblich zugerufen haben: »Jesu Blut komme über uns und unsere Kinder.« Wie ich höre, belasten etliche Kirchen bis heute sämtliche Juden der Welt mit dieser angeblichen Selbstverfluchung! Und wenn sie damals irgend etwas gerufen hätten – was nicht einmal sicher ist? Würde das die Kollektivbeschuldigung eines ganzen Volkes für alle Zeiten rechtfertigen?

Welch ein teuflischer Gedanke!!!

Ich bin jedenfalls gegen Kollektivbeschuldigungen der Deutschen wegen der sechs Millionen!

So manche Nacht grüble ich über den Grund von nunmehr 2000-jährigen tödlichen Verleumdungen nach.

Es dämmert mir: Die Juden eignen sich scheinbar zum Sündenbock – und die Weltmacht Rom wird im selben Streich entschuldet.

Die alles krönende Verleumdung behauptet, daß der Massenmörder Pilatus aus Angst vor uns Jesus habe kreuzigen lassen. Das klingt, als habe Adolf Eichmann, aus Angst vor den Juden in Budapest, ihren Rabbiner ins Gas geschickt.

»Vergib ihnen, denn sie wissen nicht, was sie tun!« So soll Jesus am Kreuz aufgeschrien haben. Wie viele selbsternannte Rächer seines freiwilligen Todes haben nicht trotzdem ihr Mütchen an unschuldigem jüdischen Blut gekühlt!

Was gibt es da überhaupt zu rächen – wenn nur mittels seines Sühnetodes das Heil der Kirche erwirkt werden konnte?

Ja, mir ist es klar: Schuldig sind wir allemal – aber nicht an seinem Tod. Wohl aber haben wir ihn hervorgebracht; umgebracht haben ihn die Römer.

Ich muß es ja wissen: er hatte Tausende jüdischer Anhänger – er, der Jude blieb und nie zu den Heiden gehen wollte!

Was wollen die Gojim eigentlich von uns? Das ganze war doch eine inner-jüdische tragische Auseinandersetzung! Unsere Hebräische Bibel aber soll damit niemandem vorenthalten werden – ganz im Gegenteil.
Sie reden gar viel vom »Leidenden Gottesknecht«. Eigentlich bin ich ein solcher geworden! Was habe ich nicht mit und um dieses Volk in einer schweren Stunde seiner Geschichte zu leiden gehabt!
Ja, ich habe Fehler gemacht. Ich suche aber keine Sündenböcke. Wer da glaubt, er wäre damals der Situation gerechter geworden – der werfe den ersten Stein!
Muß ich in alle Ewigkeit den gelben Fleck tragen? Wer weiß?
Jesus aber trägt ihn mit mir – bis daß der Messias uns alle erlöst.
Wie konnte die prophetische Messianische Vision vom Hoffnungsträger zu einem solchen Zankapfel zwischen den Religionen werden? Welch ein fataler Streit!!!
Wenn der Messias endlich kommt, wird er uns alle aufklären, ob er schon einmal da war – oder nicht.

* * *

Die Zehn Freiheiten vom Sinai

Kurz nach der sogenannten »Machtergreifung« anno 1933 hat sich Adolf Hitler im vertrauten Kreise über seine Grundwerte und Endziele mit folgenden Worten geäußert:
»Es handelt sich nicht bloß um Judentum und Christentum; wir kämpfen gegen den ältesten Fluch, den die Menschheit über sich gebracht hat. Wir erklären den Krieg gegen die Perversion unserer gesundesten Instinkte. Aha, der Wüsten-Gott, dieser verrückte, stupide rachsüchtige asiatische Despot mit Seiner Macht, Gesetze zu machen! Diese Peitsche eines Sklavenhalters! Dieses teuflische: Du sollst, Du sollst! Und dieses dumme: Du sollst nicht! Es muß heraus aus unserem Blut, dieser Fluch vom Berge Sinai! Dieses Gift, mit dem sowohl Juden wie Christen die freien, wunderbaren Instinkte der Menschen verdorben und beschmutzt und sie auf das Niveau hündischer Furcht herabgedrückt haben ... Was wir bekämpfen, das ist das sogenannte Gesetz ... die weichliche Mitleidsmoral, der man göttliche Weihe verliehen hat, um den Schutz des Schwachen gegen den Starken sicherzustellen – wobei man die unverrückbaren Gesetze des Krieges verachtete ... gegen die sogenannten Zehn Gebote eröffnen wir die Feindseligkeiten; die Tafeln vom Sinai haben ihre Gültigkeit verloren. Das Gewissen ist eine jüdische Erfindung. Es ist, wie die Beschneidung, eine Verstümmelung des Menschen.«
So weit der Anstreicher aus Braunau, dessen Tobsucht über 50 Millionen Menschen das Leben gekostet hat.
Zwölf Jahre und zahllose Massenmorde später, als nach der langen Gottesfinsternis des Dritten Reiches ein neuer Morgen anbrach, taten sich zehn deutsche Schriftsteller zusammen, um eine erste, zaghafte Bilanz zerstörter Illusionen und möglicher Hoffnungen zu ziehen.
Warum zehn?
Weil sie der Überzeugung waren, wie sie selbst es artikulierten, daß die Ruinen der Welt sich lediglich unter dem Zeichen des

Zehngebots in Bausteine der Zukunft verwandeln ließen. Man hatte Gottes Satzung bis in die Fundamente verletzt; nun mußte man sie bis zum Dachfirst erneuern, damit die Welt wieder ins Lot käme. Jedes einzelne der zehn Gebote stellte das Leben der Welt als ganzes in Frage und die zehn Schriftsteller kamen überein, jeder solle jeweils die Grundlagen eines Gebotes erläutern.

Ähnliches geschah anno 1979 vor dem Hintergrund einer um sich greifenden Verunsicherung, die weite Kreise in Staat und Gesellschaft anzustecken drohte.

In jener Stunde der Anfechtung einigten sich die obersten Gremien der beiden großen Kirchen auf eine gemeinsame Erklärung, die den Titel »Grundwerte und Gottesgebot« trägt. Sie beruht in ihrer Gänze auf dem Zehngebot, das, wie es in der Einleitung heißt, »auch den Christen heilig ist, als Anruf Gottes, der Sich auch in einer langen geschichtlichen Erfahrung als Anleitung zu einem menschenwürdigen Leben bewährt hat«.

Ein Jude, der dieses 48-seitige Manifest der Deutschen Bischofskonferenz und des Rates der Evangelischen Kirche in Deutschland liest, tut sich schwer, sich eine gewisse Genugtuung zu verkneifen. Was sich als tragfähige Brücke zwischen Protestanten und Katholiken auf höchster Ebene auch heute noch erweist, ist die Quintessenz des so oft verleumdeten »Gesetzes« des Mose – als Leitstern christlicher Moralität und als Leuchtturm für alle Sucher nach einer Lebensnorm, an die man sich noch immer halten kann.

Doch nun zurück zum Jahre 1945.

Damals erwies es sich auf eine ganz natürliche Weise, daß man als Neubeginn das erste Wort des Dekalogs, das Wort von der Gegenwart Gottes: »Ich bin Der Ewige, dein Gott«, nicht besser erläutern konnte als durch das Leben und Denken Mosis, des Architekten des Dekalogs.

Warum mußte Thomas Mann aber scheitern, den man mit der Schaffung eines Moses-Portraits beauftragt hatte, das einer Auslegung des Ersten Gebots gleichkommen sollte? Das kam ohne Zweifel daher, daß Thomas Mann sich wie ein Humanist verhielt, der bemüht war, über den Umweg von Moses die Ordnung des Augenblicks mit dem Menschen als dem Maß aller Dinge, nicht die Gott-gewollte Ordnung der Ewigkeit wieder herzustellen. Hätte Thomas Mann sein Thema vom Ursprung her besser verstanden, so hätte er aus Moses den lebendigen Inbegriff des gläubigen Judentums gemacht. Das heißt, den Menschen, den Gott sucht, mit dem Er etwas vorhat, den Er ergreift, der ewig der Angeredete ist und der nie mit seinem Ich allein ist.

Der Mensch, dessen Einsamkeit auf Selbsttäuschung beruht, und der früher oder später seinem großen Gesprächspartner begegnet – er mag ihn umarmen oder verstoßen; er ist und bleibt sein ewiges Du.

Dann hätte er auch zeigen können, wie Moses dieses Du von seiten Gottes verstand: nicht als einen Ruf an ihn als einzelnen, sondern als das ein für allemal zum jüdischen Volk gesprochene Wort, für das es fortan kein Entrinnen gibt: Du willst wie alle anderen sein? Du, der andere, der zweite, der Partner Gottes? Gott steht auf Deinem Pfad; Er ist Dein Weg und Deine Schranke; Dein Hirt und Dein Wolf; Dein Vater und Dein Richter; Dein Gemahl in Liebe, Leid und Eifersucht. Er begleitet Dich, verborgen oder offen, und so oft Du glaubst, Ihm zu entlaufen, läufst Du in Wahrheit auf Ihn zu.

Die Menschenrechte sind nicht die Erfindung Israels. Die Menschenrechte sind auch nicht plötzlich, zum Erstaunen und zur Verblüffung aller, »vom Himmel« gefallen. Wenn Menschen miteinander leben wollen, dann spüren sie, daß sie sich diese Rechte gegenseitig gewähren müssen; dann gilt es, daß einer zum Anwalt des anderen wird, daß einer dem anderen gerade diejenigen Rechte nicht verweigern darf, von denen er selbst lebt.

Nun ist aber der Mensch ein zwiespältiges Wesen. Ideal und Wirklichkeit klaffen oft in seinem Herzen weit auseinander. Innere »Überzeugung« und äußerliche »Nützlichkeit« liegen oft im Widerstreit, und nicht selten machen wir die Erfahrung, daß wir tun, was wir nicht wollen; und daß wir nicht tun, was wir als recht und richtig erkannt und anerkannt haben. Was aber wird aus einem Recht, das heute so und morgen anders ist, das sich

nach politischen Mehrheiten und Weltanschauungen ändert, das zum Spielball der Mächtigen wird, das also nicht unumstößlich, nicht ewig ist? Was aber geschieht, wenn der Mensch nicht der Anwalt, sondern der Unterdrücker, Ausbeuter und Verächter, eben der Wolf seines Mitmenschen wird?
Hier nun hat das Gottesvolk etwas Einmaliges erkannt und festgeschrieben. Im biblischen Israel sind die Menschenrechte in Gott verankert. Gottes Rechte, daß Er nur Einer ist, daß Sein Name nicht mißbraucht werden darf und daß Er Anspruch auf den Sabbath, den Tag der ausschließlichen Verehrung hat: sie sind diesen Menschenrechten vorgeschaltet. Dadurch sind die Menschenrechte der Manipulation durch den Menschen entzogen; dadurch erweist sich Gott als der eigentliche Anwalt des Menschen. Diese Verbindung ist einmalig. Sie gibt dem Menschen die Sicherheit, daß seine Sache von Gott geführt wird, daß die Gnade vor dem Recht geschieht. Wenn wir uns heute auf diesen Zusammenhang besinnen, dann deshalb, weil die Menschenrechte in Gefahr sind und weil es höchste Zeit ist, wieder von Gott zu reden. *Das »Recht« allein – ohne die Gnade – macht den Menschen hart und kalt.* Wer aber nicht an Gott glaubt, dem bleibt nichts anderes als das Recht, der muß hart und kalt werden – ein gnadenloser Pseudo-Humanismus, der den Himmel entleert und die Erde entmenschlicht.
Der Dekalog beginnt nicht zu Füßen des Gottesberges, mitten im Niemandsland der Wüste, sondern mit dem Exodus – dem Erlebnis des großen Aufbruches in die Freiheit.
Denn mit jenem Auszug aus dem Nil-Land wurde nicht nur eine Bresche geschlagen in das Gefüge der ägyptischen Gewaltherrschaft; nicht nur das Sklavenvolk der Hebräer wurde von seinem Joch befreit, sondern ein Wendepunkt in der Weltgeschichte wurde erreicht. Mit dem kategorischen Imperativ »Gib mein Volk frei!« wird ein Bann gebrochen, der allzu lange auf der elenden Menschheit lag. Es kam zum völligen Umsturz aller Werte: Der vergottete Pharao schrumpft über Nacht zum zitternden Vater, der vor dem Bett seines sterbenden Sohnes weint – und entdeckt, daß er weiter nichts ist als ein Mensch.
Und eine Horde von rechtlosen Sklaven und Proleten gewinnt

den Adel der Ebenbildlichkeit Gottes zurück. Sie werden endlich zu wirklichen Menschen.

Das Exodus-Drama bricht schlagartig den Doppelbann, der allzu lange Menschen zu Göttern erhoben oder zum Vieh erniedrigt hat. Die Bresche, die durch den Exodus in die Gottlose Tyrannei geschlagen wurde, schafft die Vorbedingung zur Ebenbürtigkeit aller Adamskinder. Sie öffnet fortan einen Ausweg für alles menschliche Elend, den niemand mehr zu sperren vermag – und sie bleibt bis heute die ewige Herausforderung an die Gewalt.

Daher hat Ernst Bloch wohl recht, wenn er die Bibel Jesu – das sogenannte Alte Testament – ein höchst revolutionäres Buch nennt, das den Antrieb gab für die amerikanische, französische und russische Revolution sowie für die meisten Freiheitsbewegungen des Okzidents.

Von den Waldensern in Piemont über die Hussiten in Prag, die Hugenotten in Frankreich und die Puritaner in England – bis zu den Negern im Süden der USA, den Maoris in Neuseeland und den Indios im heutigen Südamerika.

Zurück zum zweiten Buch Moses.

Am Weg zum Schilfmeer, als die Befreiung schrittweise zur Gewißheit heranreift, schwindet langsam der Abstand zwischen den entlaufenen Heloten; der nackte Egoismus sprengt die Grenzen der eigenen Haut; die Unterschiede verblassen, und der Mensch entdeckt im Nebenmenschen – seinen Nächsten.

Jeder ist auf dem Weg in die Freiheit seinem Nachbarn zum Nächsten geworden – auch Gott. Im Buche Exodus lesen wir: »Wie ein Mensch zu seinem Freunde redet«: So wird der Dialog zwischen Gott und Mose geführt.

Und am Berge Sinai heißt die Frohbotschaft der hebräischen Verkündigung:

»Ich bin dein Gott, Der dich herausgeführt hat aus dem Lande Ägypten, aus dem Hause der Knechtschaft!«

Der Auszug aus Ägypten – und er allein –, so sagen die Rabbinen, gibt Gott das Recht, Ich zu sagen und den Menschen Du zu nennen, um ihn zum Mitarbeiter am Heilswerk dieser Welt zu machen.

Martin Luther, der durch viele Anfechtungen gegangen ist, sagte über das Erste Gebot: »Wenn mir alles unbegreiflich vorkommt, ja, wenn sogar das Bild des Heilands mir zeitweilig verdunkelt wird, dann ist mein letzter Halt das, was Gott im Ersten Gebot gesagt hat: ›Ich bin Der Herr, dein Gott.‹ Also die Wahrheit: Ich habe mich nicht selbst erschaffen, ich bin nicht allein mit mir selber und mit meinem Schicksal. Ich stehe in der Hand Dessen, ohne Den ich keinen Atemzug tun könnte. Gott hätte mich nicht erschaffen, wenn Er kein Ziel mit mir hätte. Er fängt kein Werk an, um es dann unvollendet wegzuwerfen und liegen zu lassen.« Soweit Luther.
Der Weg von Gott zum Menschen führt durch den Schmutz und die Passion des Feuerofens hin zum Sinai der Offenbarung, die der Welt ihre Grundmoral und dem Exodus seinen Ursinn verleiht:
»Ich bin der Gott, Der deine Sklavenketten zerbrochen hat und dich aufrecht wandeln läßt!«
In diesem Gotteswort steht die unwiderrufliche Magna Charta von der »Freiheit eines Bibelmenschen«, wie Martin Luther vielleicht gesagt hätte, wenn er mehr Hebräisch gelernt hätte – wie aber Karl Barth es anno 1935 unzweideutig ausgesprochen und den Nazis ins Stammbuch geschrieben hat.
Denn es war ein grundlegendes Mißverständnis der hebräischen Heilslehre, die zu jenem fast mythologischen Dualismus des Luthertums geführt hat, der »Gesetz und Evangelium« als zwei verschiedene Wege Gottes auffaßt.
Ein neues, vertieftes Verständnis der Bibel Jesu brachte Karl Barth dazu, in seiner Schrift »Evangelium und Gesetz« die traditionelle Aufeinanderfolge umzuordnen.
In seinen Worten: »Das Gesetz ist nichts anderes als die notwendige Form des Evangeliums, dessen Inhalt Gnade ist. So ist also das Gesetz im Evangelium, wie die Tafeln vom Sinai in der Bundeslade sind. Was bedeutet denn das Erste Gebot, wenn nicht das Evangelium von der Gottesliebe?«
Daher tun sowohl Katholiken als auch Lutheraner dem Grundtext Gewalt an, wenn sie das erste und zweite Gebot in eins zusammenfassen. Denn die Anfangsworte »Ich bin Der Herr,

dein Gott, Der Ich dich aus der Sklaverei geführt habe« sind keine Einleitung noch irgendeine Präambel, sondern Vorbedingung und Grundgesetz für alle darauf folgenden neun Imperative der Ethik. Sie gelten im Judentum seit eh und je als das Hohelied von der gottgeschenkten Freiheit, die nur Den Weltenschöpfer als Herrn und Herrscher anerkennt.
Denn wie Gott selbst uns sagt: »Meine Knechte sind die Kinder Israels!« – was die Rabbinen erläutern: »Darum sollt Ihr keine Leibeigenen noch Knechtesknechte Sterblicher werden!«
Hinzugefügt muß hier noch werden, daß erst die Christenheit den Dekalog zum sogenannten »Gesetz« gemacht hat – oder zu den »Zehn Geboten«.
Für Juden bleibt er bis heute »Die Zehn Worte«, oder »Die Worte des Bundes« oder, wie es später in den Sprüchen der Väter heißt: »Die Wegweisung für die Befreiten«.
Daß Gesetz und Gebote hier der Befreiung dienen, mag für christliche Ohren wie ein Selbstwiderspruch klingen, sind doch seit der Reformatiaon alle Satzungen und Bestimmungen als Gesetzesfrömmigkeit und Werkgerechtigkeit verpönt worden.
Ganz anders lautet das Verständnis des Dekalogs in seiner Muttersprache. Denn dort gilt die alte Bibelwahrheit, daß der Auszug aus der Knechtschaft ein Ziel ist, der Einzug in die Freiheit aber ein zweites darstellt.
Für das erste Ziel genügt die Angst und ein Paar flinker Beine; um das zweite zu erreichen ist viel mehr erforderlich:
Es bedarf des Vertrauens, des Mutes und nicht zuletzt des Gehorsams. Denn wirklich frei ist nur der, so lehren uns die Talmudmeister, der das Joch des Himmels freiwillig auf sich nimmt – was ein Synonym ist für die Selbstverpflichtung der Gebotserfüllung. So führte Israel der Weg aus der Knechtschaft über drei Wegstationen: durch die harte, hungrige Wüste, hin zum Sinai der Gottesweisung, und erst dann zur Einnahme von Kanaan.
So lehrt uns die Bibel ihre eigene Befreiungs-Theologie.
Um diese fundamentale Heilslehre dem Volke Israel gebührlich einzubläuen, bedient sich der Talmud eines hebräischen

Wortspiels, das auch heute nicht das geringste von seiner Aktualität eingebüßt hat:
»Die Tafeln der Zehn Worte sind Gottes Werk und die Schrift ist Gottes Schrift, die hineingemeißelt ist.« So heißt es im Buche Exodus, gleich nach der Gabe der beiden Steintafeln.
»Lies nicht ›eingemeißelt‹, sondern lies ›frei‹! (auf Hebräisch: CHERUT – anstatt CHARUT!)
Denn es gibt ja keinen freien Menschen außer dem, der sich freiwillig dem Joch des Himmels beugt.
Anders gesagt: Freiheit ohne Gottesfurcht ist Anarchie – genau so wie Befreiung ohne Selbstbezwingung einer Versklavung gleichkommt an alles Triebhaft-Tierische, das im Menschenherzen weiter gärt und giert.
Von dieser Selbstbefreiung durch die Erfüllung der Weisung Gottes sagt Jesus zu Anfang der Bergpredigt: »Meinet nicht, ich sei gekommen, das Gesetz oder die Propheten aufzulösen. Ich bin nicht gekommen, aufzulösen, sondern zu erfüllen.« Für die Schwerhörigen fügt er hinzu: »Wahrlich, ich sage Euch, bis Himmel und Erde vergehen, wird nicht ein Jota noch ein Häkchen vom Gesetze vergehen, bis alles geschehen ist.« Und um den letzten Zweifel zu zerstreuen, betont er ein drittes Mal: »Wer also eines dieser geringsten Gebote aufhebt, und die Menschen so lehrt, wird der Geringste heißen im Himmelreich. Wer sie aber tut und lehrt, wird groß heißen im Himmelreich.«
Ich kenne kein glühenderes, eindeutigeres Bekenntnis zur ewigen Gültigkeit der Torah und ihrem Herzstück, dem Dekalog, als diese unsterblichen Worte des Rabbis von Nazareth.
Daher hatten die Deutsche Bischofskonferenz und der Rat der EKD recht, wenn sie 1979 als Grundwert formulierten: »Unter Christen kann kein Zweifel sein, daß die Zehn Gebote des Alten Testaments eine entscheidende Bedeutung in der Disposition des Glaubens auf Christus hin haben. Zugleich sind diese Sollens-Sätze der ethische Erfahrungskern des Volkes, das heilsgeschichtlich wie kein anderes Volk – das Volk der Geschichte ist ... Das Wort der Kirchen ... wendet sich aber zugleich an die ganze Gesellschaft, weil der Anruf und die Verheißung der Zehn Gebote allen Menschen gelten.«

Diese Universalität entspricht genau der rabbinischen Auffassung, nach der die Zehn Worte am Sinai einst in 70 Sprachen verkündet wurden, auf daß alle Völker der Welt sie verstehen mögen, um ihnen Nachfolge zu leisten. Aus eben diesem Grunde wurden sie im Niemandsland der Wüste verliehen, so daß kein Volk einen Sonderanspruch auf dieses Weltgebot erheben könne.

Wie bekannt, ist die Erste Tafel den Imperativen der Gottesliebe, die Zweite Steintafel denen der Nächstenliebe gewidmet, wobei das »Ehre deinen Vater und deine Mutter« als Fünftes Gebot die beiden Tafeln umfaßt. Warum? Weil für jedes Kind die Eltern nach rabbinischen Brauch an Gottes Statt stehen – sowohl in der Liebe als auch in der Erziehung. Wenn Jesus also auf die Frage nach dem vornehmsten Gebot – nach Mk 12 – mit der großen Doppel-Liebe antwortet, so gibt er eigentlich eine Kurzfassung der Zehn Gebote, die nichts anderem dienen als der Konkretion eben dieser Liebe zu Gott und zum Nächsten.

»Ich bin Der Ewige, dein Gott, Der dich aus dem Lande Ägypten führte, aus dem Haus der Knechtschaft.« Mit diesen Worten beginnen die Zehn Gebote, das Kernstück der Offenbarung am Sinai. Viele Bibelerklärer haben sich mit der Frage befaßt, warum Gott bei dieser Gelegenheit Sich als Retter Israels deklariert und nicht als Der Schöpfer des Weltalls. Was konnte der Beweggrund sein, statt Sich als Herr und Meister des Kosmos und aller Kreaturen vorzustellen, als Zeichen Seiner Allmacht auf die Befreiung eines kleinen, unbedeutenden Stammes hinzuweisen? So wird im Talmud gefragt – worauf die Antwort lautet: Der Gott, Der Israel erlöste und Sich ihm am Sinai offenbarte, steht nicht im Gegensatz zu Der Gottheit, die Himmel und Erde schuf. Vielmehr wurde nach Ansicht unserer Weisen das Schöpfungswerk erst am Sinai vollendet. In dichterischer Weise lehrt dies ein Midrasch, der von einer Beschwerde des Buchstaben »ALEPH«, des ersten Buchstaben des Alphabets zu berichten weiß.

Dieser beschwerte sich bei Gott, daß Er seine Torah nicht mit ihm beginnen ließ, sondern diese Ehre dem nächsten Buchsta-

ben zuteilte, dem »BETH«, mit dem das erste Wort der Torah »BERESCHIT« (Am Anfang) beginnt.
Wäre es nicht angebracht gewesen, die Torah mit ALEPH zu beginnen, anstatt mit einem anderen Buchstaben, der doch rangniedriger ist?
Doch Gott tröstete den Beschwerdeführer:
»Die Zeit wird kommen, wenn Zweck und Sinn der Schöpfung allen offenbart werden, und zwar mit den ZEHN GEBOTEN, die den Menschen zur sittlichen Höhe führen sollen, und dann werde Ich mit dir, dem ALEPH die Offenbarung beginnen: ANOCHI – Ich bin Der Ewige, dein Gott – wonach das ZEHNGEBOT folgt.
In seiner phantasievollen Weise will der Midrasch eine klare Botschaft vermitteln: Die Erschaffung des Universums mit all seinen Wundern und innewohnenden Kräften präsentiert nur einen Bruchteil der Göttlichen Macht. Größer als die physische Welt in ihrer unermeßlichen Ausdehnung, deren Symbol der zweite Buchstabe – das BETH – ist, bleiben die geistigen Kräfte, auf die die Welt begründet ist und für die als Symbol das ALEPH, der erste Buchstabe steht. Denn ohne die fundamentalen ethischen Grundsätze, die in den Zehn Geboten verankert sind, bliebe das den Menschen umgebende Weltall nur ein Rahmen ohne Zweckbestimmung. Der Mensch jedoch soll sich sittlich verhalten, weil Gott, Der ihn erschuf, diese Welt niemals sich selbst überlassen hat, sondern sie ständig nach moralischen Grundsätzen beurteilt.
Diese zutiefst moralische Weltanschauung, die im Ethos der höheren Menschwerdung das Ziel der Schöpfung sieht, liegt auch der Bergpredigt zugrunde. In seiner himmelanstrebenden Sehnsucht nach Vollkommenheit ruft Jesus zu einer Übererfüllung des Dekalogs auf, die an das Zehnte Gebot anknüpft, das alle anderen überragt. Es geht nämlich so weit, vor einer üblen Gesinnung zu warnen, noch ehe diese zur Missetat heranreifen kann. In den Worten Der Schrift: »Du sollst nicht begehren Deines Nächsten Haus ... noch sein Weib, noch seinen Knecht, noch seine Magd ... noch irgend etwas, was Deinem Nächsten gehört.«

Hier radikalisiert Jesus die Moralität des Zehnwortes: Nicht nur Mord, sondern auch Zorn und Rufmord sind verwerflich; nicht nur Ehebruch, sondern ein lüsterner Blick kommt der Unzucht gleich; nicht nur Meineid, sondern jeder Eid ist vom Bösen; nicht nur Friedfertigkeit, sondern Demut, Rechtsverzicht und Zuvorkommenheit sind die Bausteine der zukünftigen Gesellschaft, die ganz konkret bereit ist, frei von Haß, Habgier und Zorn zu leben, als Schwelle des ersehnten Gottesreiches.

Wie schwierig es ist, hebräische Texte in gutes Deutsch zu übersetzen, beweist das harte Ringen um die Verdeutschung der Zehn Gebote. Nach einer wochenlangen Diskussion aller Mitarbeiter der ökumenischen Einheitsübersetzungsredaktion konnte schließlich in allen Punkten Übereinstimmung erzielt werden – mit der Ausnahme des 6. (nach katholischer Zählung des fünften) Gebotes.

»Du sollst nicht töten!« So stand es in fast allen Bibelübersetzungen seit Luther, worauf sich sowohl die Wehrdienstverweigerer als auch die Gegner der Todesstrafe seit Generationen berufen haben. Nun steht aber in der Hebräischen Bibel, die auch die Bibel Jesu ist, das Zeitwort RAZACH, das nicht jede beliebige Art zu töten meint, sondern lediglich ein Töten, das außerhalb des Gesetzes steht. Es kann je nach dem Zusammenhang »ermorden« oder »in Leidenschaft töten« bedeuten. Nie aber wird das Verbum gebraucht für das Töten im Verteidigungskrieg oder für die gesetzliche Hinrichtung von Verbrechern. Es bietet daher keine Handhabe für die Abschaffung der Todesstrafe. Um dies zu verdeutlichen, schlugen die Übersetzer zunächst vor, das Verbot mit den Worten »Du sollst nicht totschlagen« wiederzugeben. Dagegen wandten die Juristen ein, daß Totschlag nach deutschem Recht den Mord ausschließt, was dem Sinn des Zehngebotes widersprechen würde. Und so entschloß man sich, nach tiefschürfender Erörterung, mit Martin Buber den Terminus zu wählen, der ein Töten am stärksten disqualifiziert – nämlich: Du sollst nicht morden!

Eine grammatische Merkwürdigkeit fällt bei den Zehn Geboten auf: Da es im Hebräischen der Bibel keinen eigentlichen

Imperativ gibt, sondern nur die Zukunftsform, heißt es eigentlich nicht nur: Du sollst den Sabbath halten, oder: Du sollst nicht fremdgehen (6. Gebot) und: kein Gottesbild sollst Du Dir machen, sondern man könnte ebenso gut auch übersetzen: Du wirst all dies tun oder lassen, wie es auf den Steintafeln steht.
Wann wird das geschehen? So fragt einer der Rabbinen mit Recht – worauf einer seiner Kollegen antwortet: Sobald Du die Frohbotschaft, die dem Zehngebot vorangeht, wirklich ernst nimmst – nämlich die Worte: Höre Israel, Ich bin Der Ewige dein Gott, Der dich befreit hat aus der Knechtschaft!
Sobald Du dieser Gott-geschenkten Freiheit inne wirst, als eine endgültige Befreiung von jeder Angst, von aller menschlichen Unterjochung und Selbst-Versklavung, dann wird es keiner Gebote noch Befehle mehr bedürfen, um die Nächstenliebe der zweiten Tafel als Gottesliebe zur Selbstverständlichkeit zu machen.
Denn wie anders könntest Du Deine Dankbarkeit Deinem Schöpfer gegenüber besser beweisen, als Seinen Willen aus übervollem Herzen zu tun?!
Nicht äußerer Zwang wird dann die Nächstenliebe in all ihren praktischen Erweisen sein, sondern innerer Drang – ein Drang zur Hingabe an den Menschenbruder, den Dir Gott gegeben hat, und den Du brauchst, um reif und mündig in Deiner Selbsterfüllung zu werden.
So gesehen geht es im Zehngebot um Prophetie – nicht um Befehle, noch Gebote, und schon gar nicht um Gesetzlichkeit.
Wer als jüdischer Theologe die Gelegenheit hat, Theologiestudenten im Seminar zu befragen, was sie auf Anhieb mit dem Judentum verbinden, bekommt eine eindrucksvolle Reihe von Antworten, wie etwa: Gesetzeszwang, Legalismus, Lohnsucht, Werkgerechtigkeit, Gesetzlichkeit, Selbstruhm, und anderes mehr. Auf die Frage in einem Gymnasium, was das Judentum sei, antwortete unlängst ein Schüler: Judentum ist das, was man nicht darf.
So denken viele Christen. Und wenn man sie nach dem Grund für diese merkwürdige Ansicht fragt, reden sie von den Zehn Geboten. Da heißt es doch immer: Du sollst *nicht*!

Was für ein ungeheuerliches Mißverständnis! Gott ist doch kein Zwingherr noch ein Diktator, sondern der Kettenzerbrecher! Er befreite Sein Volk Israel aus der Sklaverei in Ägypten, führte es zum Berge Sinai, um ihm dort klarzumachen, wie groß die Freiheit ist, die man mit Gott haben kann.
Er verdeutlichte ihnen das in zehn unmißverständlichen Sätzen, die sie, als Analphabeten, an ihren zehn Fingern abzählen konnten.
Acht von diesen Grundsätzen beginnen mit den Worten: »Du wirst nicht ...« Zwei beginnen mit: »Du wirst ...«
Keiner beginnt mit: »Es ist verboten!« – sondern alle fangen an: Ich – Gott und du, Mensch, wir gehören jetzt zusammen – wenn du es willst!
Und wenn wir zusammenbleiben, dann kann Dein Leben frei werden; frei von Angst, von Neid, von Haß und von aller Unmenschlichkeit. Hier liegt die Tiefendimension der Offenbarung am Sinai, die noch immer nicht ausgelotet worden ist.

Ich bin Der Herr, dein Gott – das heißt im Klartext: Du brauchst Mich nicht zu zwingen, dir zu helfen, denn Ich bin ganz freiwillig dein Freund.
Du wirst keine anderen Götter haben – das heißt: Du brauchst keine Götzenbilder als Gott-Ersatz, denn Ich will dein Vater im Himmel sein.
Du wirst Meinen Namen nicht mißbrauchen – das heißt: Du brauchst weder zu fluchen noch Mich herbeibeschwören, denn Ich bin dein Beistand und dein Helfer, weil Ich dich liebhabe.
Du wirst den Feiertag heiligen! Das heißt: Du brauchst dich nicht zu Tode abrackern, noch zum Roboter herabsinken, denn Gott hat dir einen wöchentlichen Ruhetag geschenkt, auf daß du aufatmen kannst in Freiheit von all der Last und Hast des Alltags. Nun hast du Freizeit zur Besinnlichkeit, um Dein ganzes Menschsein in Freude zu genießen.
Du wirst Vater und Mutter ehren, das heißt: Du brauchst dich nicht auflehnen gegen Deine Eltern, denn sie haben dich ja gelehrt, was Geborgenheit und Zugehörigkeit wert sind.

Du wirst nicht morden – das heißt: Du brauchst dich nicht auszutoben, noch andere als Feinde zu behandeln, denn Ich will dein Beschützer sein – auch vor dem Haß in deinem Herzen.
Du wirst nicht ehebrechen – das heißt: Du brauchst nicht die Liebe zu verderben noch deinen Partner zum Ding zu entwürdigen, denn in der Zwei-Einigkeit von Mann und Frau kannst du Mich besser finden als auf eigene Faust.
Du wirst nicht stehlen! Das heißt: Du brauchst dich nicht unehrlich zu bereichern, denn Ich, dein Gott, will dein Versorger sein.
Du wirst nicht lügen, das heißt: Du brauchst nicht vor der Wahrheit fliehen, noch dich selbst betrügen, denn Ich, dein Gott, habe Vertrauen zu dir.
Du wirst nicht neidisch sein – das heißt: Du brauchst nicht nach den anderen zu schielen, denen es besser ergeht, denn Ich, dein Gott, bin Der Geber guter Gaben, Der es gut mit dir meint.

Kurzum: Die sogenannten Zehn Gebote sind eigentlich die Zehn Großen Freiheiten, die zur Grundlage aller Menschenwürde und Menschenrechte gehören. Denn Freiheit, wie sie Gott uns schenkt, ist: tun zu dürfen, was man will, und es doch nicht zu müssen – weil man als wahrer Mensch nur tun darf, was das Gewissen gebietet und erlaubt.
Denn niemand ist frei, so sagt Gott, der nicht über sich selbst Herr ist und die Freiheit der anderen respektiert.
Und nun, zum Schluß, lesen wir das Zehnwort der Befreiung vom Berge Sinai in der Verdeutschung von Martin Buber:

1. Ich bin dein Gott, Der Ich dich führte aus dem Land Ägypten, aus dem Haus der Dienstbarkeit.
2. Nicht sei dir andere Gottheit, Mir ins Angesicht. Nicht mache dir Schnitzgebild und alle Gestalt, die im Himmel oben, die auf Erden unten, die im Wasser unter der Erde ist. Neige dich ihnen nicht, diene ihnen nicht, denn Ich, dein Gott bin Ein eifernder Gottherr, zuordnend Fehl von Vätern

an Söhnen, am dritten und vierten Glied denen die mich hassen – aber Huldtuend ins tausendste denen, die mich lieben; denen, die Meine Gebote wahren.

3. Trage nicht Seinen, deines Gottes Namen auf das Wahnhafte, denn nicht straffrei läßt Er ihn, der Seinen Namen auf das Wahnhafte trägt.

4. Gedenke des Tags der Feier, ihn zu heiligen. Ein Tagsechst diene und mache alle deine Arbeit, aber der siebente Tag ist Feier Ihm, deinem Gott: Nicht mache allerart Arbeit, du, dein Sohn, deine Tochter, dein Dienstknecht, deine Magd, dein Tier, und dein Gastsasse in deinen Toren. Denn ein Tagsechst machte Er den Himmel und die Erde, das Meer und alles, was in ihnen ist, am siebenten Tag aber ruhte Er; darum segnete Er den Tag der Feier, Er hat ihn geheiligt.

5. Ehre deinen Vater und deine Mutter, damit sich längern deine Tage auf dem Ackerboden, den Er, dein Gott dir gibt.

6. Morde nicht.

7. Buhle nicht.

8. Stiehl nicht.

9. Aussage nicht gegen deinen Genossen als Lügenzeuge.

10. Begehre nicht das Haus deines Nächsten, begehre nicht das Weib deines Nächsten, seinen Knecht, seine Magd, seinen Ochsen, seinen Esel, noch irgend, was deines Nächsten ist.

(Exodus 20,2–17)

Das Zehnwort vom Sinai ist und bleibt die göttliche Weisung zur Menschwerdung von uns allen! Es beginnt daher mit Gott – nur um mit dem Nächsten auszuklingen, der unter Gott dein Bruder ist.

»Ich bin Der Herr dein Gott!« So steht es am Anfang.

»Dein Nächster«, so erklingt es gleich dreimal im Schlußsatz, um Dir einzuprägen, daß er – dein Nächster – Dir anvertraut ist, so wie Du unter Gott stehst – als Eckstein Deiner Menschlichkeit; als Grundstein Deiner Ebenbildlichkeit Gottes, und als Prüfstein Deiner unwiderruflichen Gotteskindschaft.

Von welchem Gott reden wir?

Auf die niemals verstummende Frage »Wo ist Gott?« lautet die rabbinische Gegenfrage: »Wo ist Er nicht?« Oder aber die Antwort »Wo immer man Ihn hereinläßt«. – Die Chassidim meinen: »Wo immer zwei Menschen einander selbstlos lieben, da ist Er mit ihnen der Dritte.« Der Prophet Jesaia jedoch sprach: »Er wohnt in der Himmelshöhe und bei all denen, die zerschlagenen und demütigen Geistes sind«, – was in der biblischen Poesie das Überall-Sein Gottes betonen will. Das heißt aber, auch bei denen, die mit Ihm ringen, wie einst Abraham um die Heidenstadt Sodom, oder wie Hiob, der zum Himmel aufschrie: »Warum geht es den Schurken gut, und die Gerechten haben zu leiden?«

Auch der deutsche Philosoph Leibniz litt an dieser Urfrage, die er die Theodizee benannte. Es ging und geht um die Spannung der Attribute von Gnade und Erbarmen einerseits gegenüber Ahndung und strafender Pädagogik Gottes andererseits. In uns allen glüht ein Funke Gottes, wie die Kabbalisten der jüdischen Mystik betonen. Zu den zahlreichen Hinweisen auf diesen inwendigen Gott gehört der Hunger nach Güte in unserem Herzen, der Durst nach Wahrheit, der uns immer wieder anspornt, ohne wissenschaftlich erklärbar zu sein – und das Bedürfnis zu lieben und geliebt zu werden. Nicht zuletzt aber das große unstillbare Heimweh nach einer heilen Welt, nach Gerechtigkeit und Frieden – ein Traum, der nie versiegt.

Sollte all das nichts anderes als eine Kette von blinden Zufällen sein? Das war die Meinung von Jacques Monot, dem französischen Biochemiker, der das sagte: »Der Mensch muß endlich aus seinem tausendjährigen Traum erwachen und seine totale Verlassenheit erkennen. Er weiß nun, daß er seinen Platz wie ein Zigeuner am Rande des Universums hat – ein Weltall, das taub ist für seine Musik und gleichgültig gegenüber seinen Hoffnungen, Leiden und Verbrechen.« Darauf antwortete Albert Einstein: »Wenn das Weltall, wie ich es erahne, die Frucht eines blinden Zufalls sein sollte, so ist das so glaubwürdig, als ob eine Druckerei in die Luft ginge – worauf alle Buchstaben wieder zur Erde fallen würden, und zwar in der druckreifen, fehlerlosen Form des Duden-Lexikons.« Auf die weitere Frage, ob er an Gott glaube, erwiderte Einstein: »Das brauche ich nicht! Ich sehe Ihn ja tagtäglich am Werk.«

In der Tat, nicht alle, die Halleluja singen, glauben an Gott. Aber auch nicht alle, die sich auf Gott berufen, tun Seinen Willen – genau wie nicht alle, die sich als Atheisten bezeichnen, Gottesleugner sind. Wie sagte doch Martin Buber: »Gott ist das beladenste aller Menschenworte. Keines ist so arg besudelt, so sehr zerfetzt worden. Menschen haben in Seinem Namen getötet und sind dafür gestorben. Dieses Wort trägt ihrer aller Fingerspuren und ist mit ihrem Blut befleckt. Dennoch dürfen wir es nicht preisgeben. Wir sollten es, ja, wir müssen es, befleckt und zerfetzt wie es ist, vom Boden erheben und aufrichten.« Der Religionsphilosoph Buber bezeichnete sich selbst als »liturgisch abstinent«, womit er sagen wollte, daß er seit seinem 13. Lebensjahr die Synagoge nicht zu besuchen pflegte.

Ganz anderes erfahren wir übrigens in den synoptischen Evangelien vom Rabbi Jesus von Nazareth. Sabbath für Sabbath predigte und lehrte er in den Synagogen seiner galiläischen Heimat. In all seinen Torah-Auslegungen und Gleichnissen verwendet er jedoch niemals den Namen Gottes. In typisch rabbinischer »Namensscheu« bedient er sich vielerlei Umschreibungen, wie etwa »Der Hochgelobte«, »Unser Himmlischer Vater«, oder »Der Heilige Israels« und andere mehr.

Seit Jahrtausenden fragen die Talmudmeister: Warum steht geschrieben: »Der Gott Abrahams, Der Gott Isaaks und Der Gott Jakobs« – wo es doch nur einen Einzigen Gott gibt, und die Bibel stets wortkarg und nüchtern formuliert? Die Antwort lautet: Jeder eine der Erzväter hatte seine ureigene Gotteserfahrung und seinen spezifischen Zugang zu Ihm. Für Abraham ist Er vor allem Der Gott, Dem er glaubt und vertraut, und auf Dessen Geheiß er seine Heimat verläßt, um den Ein-Gott-Glauben in alle Welt zu tragen. »Und Abraham vertraute auf Gott, und Er erachtete es ihm als Bewährung.« So wird uns im

Buche Genesis berichtet. Dieser Glaubensweg Abrahams gilt im Judentum als Eckstein einer Theologie des Vertrauens. Und dennoch: Derselbe Abraham besteht auch die schwersten Prüfungen des Tuns und des Lassens, die ihm im Laufe seines Lebens von Gott auferlegt werden.

Von hier aus führt eine strahlende Spur der Hoffnungskraft und Zuversicht zur Aussage des Propheten Habakuk: »Der Gerechte lebt aus seinem Glauben.« Beide, Abraham und Habakuk, beflügelt das biblische Zweigestirn: Die Untrennbarkeit und Gleichwertigkeit des Glaubens und des Tuns.

In einem Gleichnis der Chassidim hallt diese Grundidee wider: Einst wurde ein Rabbi von seinen Schülern gefragt: Warum duldet Gott den Atheismus? Worauf er ihnen antwortete: »Auf daß Ihr dem Bedürftigen jederzeit beisteht, als hinge alles aber auch alles von Euch ab. Zur selben Zeit jedoch sollt Ihr beten und hoffen, meine Kinder, wissend, daß alles in Gottes Händen liegt. Helfen also, als gäbe es keinen Gott – aber leben im vollen Bewußtsein Seiner Allmacht!« Auf hebräisch ist die Quintessenz dieser Parabel auf ein Wort reduzierbar: *Bechinam* – das heißt: Unverdient. Wiese unverdient? Als Mitarbeiter Gottes sind wir berufen – zur Verbesserung dieser Welt; im Bereich Seiner Gnade hoffen wir zu sein; ob wir es aber sind – bleibt ein Geheimnis.

Aus eben diesem Vertrauen heraus berichtet uns die Bibel vom großen Ringen Abrahams mit Seinem Schöpfer – um das Wohl und Heil der Heidenstädte Sodom und Gomorrha. Was ging den Hebräer Abraham eigentlich das Schicksal jenes Sündenpfuhls an? Es ist die biblische Botschaft des Verwobenseins aller Menschen miteinander – unter Gott; und ihre gemeinsame Verantwortung für diese Erde. Aufregend ist die Tatsache, daß Sodom und Gomorrha sich gegen die Mitmenschlichkeit vergangen hatten – was ihnen aber als Sünde gegen Gott angerechnet wurde. Wie lehrt es der Talmud? Man kann Gott eben nicht am Nächsten vorbei lieben. Und trotzdem weiß Abraham, daß Der Herr der Welt Ein Gott des Erbarmens ist und bußfertige Sünder wieder annimmt. In diesem Sinne lehrt die jüdische Tradition: Gott spricht: »Wenn Ihr euer Herz der Umkehr öffnet nur wie ein Nadelöhr so breit, werde Ich euch die Tore der Versöhnung auftun wie ein Scheunentor so weit.« Abraham ringt bekanntlich mit Gott um das Überleben der Einwohner von Sodom und Gomorrha, die aber nicht an Reue denken. »Und wenn es nur fünfzig anständige Menschen dort gäbe?« So tastet sich Abraham bei Gott vor. Man höre und staune: Um ihretwillen würde allen Einwohnern vergeben werden! Abraham weiß aber, daß die beiden Städte solch eine Zahl von Bewährten nicht beheimateten. Er verhandelt weiter mit Gott und erfährt, daß sogar um zehn Gerechter willen alle Bewohner verschont werden würden. Wissend, daß auch diese geringe Anzahl nicht vorhanden war, gibt Abraham resigniert auf, und geht von dannen. Einige Talmudmeister nehmen ihm diese Einstellung recht übel und stellen die Frage: Warum, um Himmels willen, hat er nicht weiter mit Gott verhandelt? Unser Himmlischer Vater wäre ihm wohl noch weiter entgegengekommen! Bewährt hat sich zu guterletzt in Sodom nur die Familie Lot, der Neffe Abrahams.

Er ist eben der Gott der Freiheit, der diese allen Trägern seines Ebenbildes vom Anfang an eingestiftet hat. Die Wahl des Tuns und Lassens ist daher gegeben; die Folgen aber müssen ertragen werden. In diesem Sinne lauten die drei Grundfragen Gottes auf den ersten Bibelseiten:

- »Wo bist Du, Adam?«
- »Was hast Du getan, Eva?«
- »Wo ist Dein Bruder, Kain?«

Keiner von uns ist seit damals zu gering, um sich aus der Gesamt-Verantwortung stehlen zu können. Bis nicht ein jedes Menschenkind zu jeder Zeit Gott die richtige Antwort auf diese drei Grundfragen geben wird, kann diese Welt nicht heil sein. Anders gesagt: Jeder von uns sollte diese Welt wie eine Waage erachten, deren Schalen mit Gut und mit Böse jeweils gleichgewichtig beladen sind. Von dieser Tat, die Du dich soeben anschickst zu vollbringen, hängt das Wohl der ganzen Welt ab. In Deiner Hand liegt es, dem Guten zum Siege zu verhelfen. Diese eine Tat könnte aber auch der falschen Waagschale die Oberhand verleihen.

Einige Kabbalisten lehren: Gott schuf die Welt, indem er sich selbst »in sich zurückzog« (*zimzum*), denn vorher war ja Gott »alles in allem«, so daß Gott nur durch einen Akt der Selbsterniedrigung die Welt hervorbringen konnte. Wenn also alle Schöpfung eine »Liebespassion« des Herrn der Welt ist, so ist der Schöpfer ein Gott, der leiden kann, ja leiden will, wie es in einer Schule der Kabbala heißt. Ein Gott, der mit Israel ins Exil zieht, wie es heißt, der mit den Hebräersklaven in der Sonne Ägyptens Ziegel bäckt, der im langen Zug der Verbannten mit den Kindern, den Siechen und den Armen ins Exil zieht. Ein Gott also, der das Leid Israels teilt, um mit Israel auf die Erlösung zu harren, wie es im Talmud heißt. Von dieser Theopathie und dem »Rückzug Gottes in sich selbst« ist es nicht weit zu der Gottesvorstellung von Gott als dem Leidensgefährten – ein Gedanke, der alt war, als Jesus zur Welt kam, und der dann zu einem der Bausteine des jungen Christentums werden konnte.

Einig sind sich die meisten, daß *»Holocaust«* eine verderbliche Fehlübersetzung für den Völkermord ist.

Die griechische Septuaginta verwendet es ja als Bezeichnung des Brandopfers in Jerusalem. Es würde den Gasöfen einen quasi sakralen Charakter zuschreiben, was für den gläubigen Juden an Blasphemie grenzt. *Churban* hingegen als »Gesamtvernichtung« ist der Name für die erste und die zweite Tempelzerstörung.

In diesem Lichte sprechen heute viele vom »dritten Churban« unserer Generation. Rabbiner Ignaz Maibaum fügt dem hinzu, daß es im Fahrwasser dieser Katastrophen auch zu Neuentwicklungen in der Geschichte Israels gekommen ist, und zwar ohne die Schuld der Täter im geringsten zu mindern: Im Falle der ersten Zerstörung des Tempels unter den Babyloniern war es die Synagoge als neue Institution, die zur Welt kam. Nach der zweiten Tempelzerstörung im Jahre 70 n. Chr. durch Titus kam es zur weltweiten Diaspora, die von vielen Rabbinern nicht als Strafe, sondern als Sendung Israels verstanden wurde. Die dritte Katastrophe in all ihren schrecklichen Ausmaßen hat nicht nur »zum Staate Israel hingeführt«, wie Nachum Goldmann sagte, sondern auch eine neue Mündigwerdung im Judentum angebahnt. Eine Mündigkeit im Sinne des Gotteswortes an Abraham: »Wandele vor mir und sei ganz!«

Das »Vor-Gott-Wandeln« kann als Auftrag verstanden werden, »ohne Gott unter Gott in dieser Welt Gottes zu leben«, um es mit Bonhoeffer zu formulieren. Die Idee der Selbstbescheidung Gottes wurde auch auf der ethischen Ebene weitergedacht – als möglicher Zugang zu den geheimnisvollen Wegen Gottes. Im Talmud lesen wir: »Mosche sagte im Gebet: ›Der große, allmächtige und furchtbare Gott‹ (Dt 10,17). Später kam der Prophet Jeremia und sprach: ›Die Heiden zertrümmern den Tempel. Wo sind denn seine Furchtbarkeiten?‹ Er sagte daher im Gebet nicht ›Der Furchtbare‹ (Jer 32,16ff.). Hierauf kam Daniel und sprach: ›Die Heiden knechten seine Kinder. Wo ist da seine Allmacht?‹ Er sagte daher im Gebet nicht: ›Der Allmächtige‹ (Dan 9,32). Alsdann kamen andere und sprachen: ›Im Gegenteil, dies ist ja seine Allmacht, daß er sich seiner Erregung bemächtigt und langmütig ist gegen die Frevler. Das sind seine Furchtbarkeiten. Denn wieso könnte sonst ohne Furchtbarkeit des Heiligen, gepriesen sei er, irgendeine Nation unter all den Heidenvölkern bestehen?‹ Worauf die anderen einwandten: ›Wieso taten dies jene Weisen (Jeremia und Daniel) und schafften eine Anordnung ab, die Mosche angeordnet hatte?‹ Rabbi Eleasar erwiderte: ›Da sie vom Heiligen, gepriesen sei er, wußten, daß er wahrhaftig ist – und so wollten sie ihm gegenüber nichts Unwahres sagen‹« (Joma 69b).

Von welchem Gott reden wir? So lautet die uns gestellte Frage. Etliche Stränge der feministischen Theologie wünschen Gott neu zu definieren: Ist Er männlich oder ist Er weiblich? Sind wir Brüder, Schwestern, Geschwister oder gar Kinder Gottes? Für all das Unrecht und die Benachteiligungen, die im Altertum und in der christlichen Gesellschaft seit dem Mittelalter Frauen erleiden mußten, besteht kein Grund, die Schuld dem Gott Israels oder dem Alten Testament anzulasten. Ist das biblische Gottesbild wirklich von Anfang an patriarchalisch, wie so oft behauptet wird? Auf den ersten Seiten der Bibel, in ihrem hebräischen Original, ist die Rede von *Elokim*. Es handelt

sich hier um ein »Plurale tantum« – eine grammatikalische Ausdrucksweise, die gerade der Vielzahl der göttlichen, weder männlichen noch weiblichen, Attribute gerecht werden will. Darauf basiert auch das Bilderverbot im Zehnwort vom Sinai, um der menschlichen Schwächen willen. Denn zu jeder Zeit, allerorts, schweben uns in unendlich vielen Situationen der Not und des Leides, aber auch der Freude und des Dankens, vielerlei Gottesbilder vor.
– Laßt daher die einen doch aufschreien zum »Herrn der Heerscharen«, auf daß Er sie vom Joch eines brutalen Unterdrükkers befreien möge!
– Laßt andere wiederum Ihn anflehen in einer Stunde größter Not – als wäre Er eine Geburtshelferin.
– Und laßt die mit Dank Erfüllten Ihm zujubeln, als wäre Er der Liebhaber, den das Hohelied Salomos so glühend schildert!
Mit solchen und anderen aufregenden Gottesvorstellungen kargt das Buch der Bücher keineswegs.
In den 150 Psalmen, kurz oder lang, wie sie nun einmal sind – von den drei Versen des 133. bis hin zu den 176 Versen des 119. Psalms – spiegelt sich die ganze Bandbreite menschlicher Beziehungen zu Gott wider. Zweifel, Wut und Angst schlagen uns ebenso entgegen, wie Zuversicht, Freude und Lebensbejahung. Er ist ein ansprechbarer Gott, der im stillen Kämmerlein oder in aller Öffentlichkeit immer wieder angegangen, angeschrien oder angeschluchzt wird.
Die Bibel war und ist aber vor allem ein Buch des gelebten Erzählens. In den Zelten der Wüstenwanderer von Ägypten hat sie sich bewährt; in so mancher heutigen, ausgezehrten Gemeinde täte sie not: die narrative Theologie mit ihrer Vielfalt, die Phantasie beflügelnder Gottesbilder. Nichts menschliches ist diesem Buch fremd geblieben. Kaum ein Dichter hat je eine solch zärtlich-tragische Liebesgeschichte wie die des David und der Michal zu Papier gebracht. Eine Abenteuergeschichte wie die Sage des Helden Simson etwa erschüttert immer neue Generationen von Bibellesern. Der Schmerz der kinderlosen Frauen, der Rausch der Sieger, aber auch der Kummer der Bedrückten werden uns jenseits von Ort und Zeit vergegenwär-

tigt. Vor allem aber strahlt uns das Gottvertrauen der großen Leitgestalten – mitsamt all ihren menschlichen Schwächen – immer wieder entgegen.
Die drei erhabensten und tröstlichsten Worte der Bibel könnte man vielleicht im Offenbarungsgespräch Gottes mit Moses am Berge Sinai erahnen: *Ich werde sein, wer Ich sein werde!* Dies ist die Göttliche Botschaft für den entlaufenen Sklavenhaufen, der sehnsüchtig nach einem Gott-zum-Anfassen schreit. Diese Aussage wurde und wird noch immer in den meisten deutschen Bibelübersetzungen falsch als »Ich werde sein, *der* Ich sein werde« verdeutscht. Auch hier offenbart sich wiederum Gottes Erhabenheit über und jenseits unserer sich stets verändernden Vorstellungswelt.
Von welchem Gott also reden wir? Von Dem des Propheten Jona etwa – oder eher Dem von Jona so tragisch Mißverstandenen? Schonungslos berichtet uns die Bibel über Jonas vergebliche Fluchtversuche vor Gottes Auftrag und von seinem Widerwillen, auch den Heiden vom Gott Israels kundzutun. Auch die sündige Heidenstadt Niniweh erhält die Chance, Reue zu üben und Buße zu tun, um in Gottes Gnadenbereich zu gelangen. Mehr noch! Gottes Erbarmen erstreckt sich sogar auf die Tiere und die Umwelt von Niniweh, die durch Menschenschuld in Mitleidenschaft gezogen wurden.
Einst debattierten die pharisäischen Rabbinen leidenschaftlich um ein Problem in der Torah. Rabbi Elieser brachte viele Argumente vor, um seinen Standpunkt zu beweisen. Doch die anderen Rabbinen ließen sich nicht überzeugen. Da sprach Rabbi Elieser: »Selbst dieser Johannisbrotbaum hier vor dem Fenster kann bezeugen, daß die Entscheidung so ausfallen muß, wie ich es behaupte.« Da rückte der Johannisbrotbaum 100 Ellen von seinem Orte fort. Doch die anderen Rabbinen sagten: »Von einem Johannisbrotbaum läßt sich kein Beweis erbringen!« Nun sprach Rabbi Elieser: »Wenn die Entscheidung so sein muß, wie ich behaupte, dann soll es der Wasserkanal hier bezeugen!« Da fing das Wasser im Kanal an, bergauf zu fließen. Doch die anderen Rabbinen erwiderten: »Ein Wasserkanal kann nicht als Beweis dienen!«

Wiederum sprach Rabbi Elieser: Es sollen die Wände des Lehrhauses beweisen, daß ich recht habe!« Da fingen die Wände an einzustürzen. Aber Rabbi Jehoschua schrie sie an und sagte: »Was geht es Euch Wände an, wenn die Weisen über einen Punkt in der Torah debattieren?« Die Wände sind hierauf nicht eingestürzt, aus Respekt vor Rabbi Jehoschua; aber aus Respekt vor Rabbi Elieser haben sie sich auch nicht völlig aufgerichtet. Rabbi Elieser, der Verzweiflung nahe, schrie jetzt auf: »Wenn die Malacha so sein soll, wie ich es behaupte, so mögen sie es aus dem Himmel bezeugen!« Da erscholl eine Himmelsstimme, die da sprach: »Was wollt Ihr denn von Rabbi Elieser? Die Entscheidung ist doch so, wie er behauptet!«

Da sprang Rabbi Jehoschua auf und rief: »Sie ist nicht im Himmel!« Was aber bedeutet dieses Zitat aus Dt. 30,12? Rabbi Jeremia erklärte: »Die Torah wurde ja schon auf dem Sinai uns verliehen. Wir brauchen uns daher nicht weiter um himmlische Stimmen zu kümmern. Schließlich enthält ja die Torah das Prinzip, nach der Mehrheit zu entscheiden (Ex 23,2), und das ist es, was wir hier tun!«

An jenem Tage, so lesen wir weiter, traf Rabbi Nathan den Propheten Elia und befragte ihn: »Was tat unser Himmlischer Vater zu jener Stunde?« Da antwortete der Prophet: »Gott hat gelächelt und gesagt: Meine Kinder haben Mich besiegt, meine Kinder haben Mich besiegt, in der Tat. ...« (BM 59b.)

Gottes Lächeln, so will uns diese Erzählung aus dem Talmud belehren, enthält eine zwiefache Lektion: Sie ist sowohl ein heilsamer Dämpfer gegen jegliche Wundersucht als auch eine Bestätigung für die Auslegungskompetenz der Rabbinen in der Mischna und im Talmud.

Ja, das Gottesbild der Hebräischen Bibel, des Alten Testamentes, ist das des Vaters aller Menschenkinder: von Adam und Eva über die sündigen Generationen der Sintflut und des Turmbaus zu Babel bis zu den befreiten Hebräersklaven in Ägypten. Von Ruth, der Moabiterin, die zur Ahnmutter Davids wurde, über den gerechten Heiden Hiob bis zum Perserkönig Cyrus, von dem uns als »dem Gesalbten Gottes« berichtet wird. Allesamt sind sie Kinder Gottes. Auch die große Vision des Propheten Jesaia verheißt der ganzen Erde und all ihren Bewohnern die Messianische Erlösung, indem »sie das Kriegshandwerk nicht mehr lehren werden fürderdar.«

Wehmut beschleicht das Herz angesichts der Kluft, die sich auftut zwischen unserem Alltag und der grandiosen Friedensschau der Propheten Israels. Ob man im Schatten des Grauens unseres Jahrhunderts nicht eher von Gott schweigen sollte – anstatt heuchlerisch Seinen Namen zu zerreden? Wo war Gott in Auschwitz? In der Tat, eine Frage, die nicht verstummen will! Sollten wir nicht aufhören, Ihn zum Lückenbüßer für die Unmenschlichkeit allzu vieler Zweifüßler zu machen? Wo war der Mensch in Auschwitz? So sollten wir fragen – und dabei an die Vielzahl der Täter, der Zuschauer und der Wegschauer denken. Als Freigelassener der Schöpfung wandelt der Mensch auf dieser Erde – und Gott ist weder sein Wärter noch ein Polizist. Nicht die Theodizee, sondern die Anthropodizee – die Frage nach dem Menschen – ist also das Dilemma um die Täter von Auschwitz.

Für die Opfer allerdings ist es wiederum das uralte Ringen um die schreckliche Frage des *Warum*. Ein unlösbares Rätsel bleibt es, das so manchen der Überlebenden in den A-Theismus oder gar in den Anti-Theismus getrieben hat. Theologie als angebliche »Wissenschaft von Gott« ist dem Bibel-Menschen und dem hebräischen Sprachdenken unbekannt. Welch ein tröstlicher Gedanke angesichts der selbstgerechten Inanspruchnahme Gottes seitens so vieler Religionen, die nicht zögern, in Seinem Namen unsägliches Elend über so viele Menschen zu bringen.

Erst wenn es Religionen und Konfessionen aller Überzeugungen endlich einleuchten wird, daß eine jede von ihnen nur zu einem Bruchteil der großen, ewigen Wahrheit Zugang hat, kann das ersehnte Friedensreich anbrechen. Solange noch um Absolutheitsansprüche und Wahrheitsmonopole Blut vergossen wird, muß Eintracht in der Vielfalt ein Wunschtraum bleiben. Vielleicht sollten wir alle weniger von Gott reden, aber so leben und handeln, daß man uns hoffnungsvoll nach Ihm fragt?

Fünfer bewährter Tugenden sollten wir uns daher befleißigen, um die bitteren Feindseligkeiten der Glaubenden ohne jeden Synkretismus überbrücken zu helfen:

1. Konfliktfähigkeit – ohne Abbruch von Brücken, um gewaltlos Kontroversen zu bewältigen.
2. Dialogbereitschaft – auf allen Ebenen der Gesellschaft, von der Familie bis in die Politik.
3. Kompromißwille – mit uns selbst zuerst, aber auch mit dem Gegenüber, der Gegner sein mag – aber entfeindet werden muß.
4. Die Einfühlsamkeit – in Kopf und Herz des Kontrahenten, dessen Schmerzgrenze nicht überschritten werden darf.
5. Die Geduld – ganz im Sinne jenes Rabbis, der da sagte: »Jede Streitfrage hat, zutiefst gesehen, drei Seiten: Deine Seite, meine Seite – und die richtige Seite.«
Wie recht hat er doch! Schließlich sitzen wir alle, Gläubige, Ungläubige und Schwergläubige im selben Boot namens Erde und sind denselben rauhen Winden und Gefahren ausgesetzt. Zu einer Allianz der tatkräftigen Mitmenschlichkeit sollten wir uns, um Himmels willen, endlich durchringen – ansonsten könnten wir, Hallelujah gegeneinander singend, miteinander untergehen – was Gott verhüten möge.

Um zehn Gerechter willen ...

Vom Umgang mit Schuld im Alten Testament

Das Menschenbild der Hebräischen Bibel ist oft brutal in seinem Realismus. Pessimistisch ist es nicht. »Was ist der Mensch?«, so fragt schon der Psalmist. Ebenbild und Erdenkloß, so antwortet die Schrift. Eine Handvoll staubiger Erde, geadelt durch die Einhauchung Göttlichen Odems; erdgebunden und himmelstrebend, wißbegierig und glaubensdurstig; liebevoll und aggressiv zugleich – voll Allmachtsallüren und Ohnmachtsängsten. Ein Bündel von Widersprüchen, das hart um Versöhnung ringt, aber sich selbst ein Rätsel bleibt. Eine Zerreißprobe auf zwei Beinen, so steht er da vor uns. Ein lebendiges Ausrufezeichen zwischen Himmel und Erde, wenn es gutgeht. Ein gekrümmtes Fragezeichen, wenn die Leiden über ihn kommen, die keinem Sterblichen erspart bleiben. Das ist Adam – zu Deutsch der »Erdling« – wie die Schrift ihn nüchtern benennt, um jeden Größenwahn im Keim zu ersticken. Denn aus der Erde wurde er gestaltet, von der Erde nährt er sich sein Leben lang und zur Erde kehrt er letztlich auch zurück. Wie weit das Animalische im Menschen noch immer die Oberhand behält, bezeugen bereits die ersten Bibelseiten.

Der erste Mensch, der einen Bruder hatte, schlug ihn tot. Und seit den Tagen Kains hat der Brudermord nicht aufgehört. Denn jeder Menschenmord ist ja ein solcher. Wenn Paulus jedoch behauptet, daß durch Adams Sündenfall all seine Nachkommen der sogenannten Erbsünde verfallen seien, so ist das Judentum anderer Meinung. In der Tat, so gut wie alle Menschen sündigen wie Adam, aber nicht, weil Adam gesündigt hat. Die Rabbinen haben nicht die Hoffnung aufgegeben, daß es Gerechte geben kann, wie etwa Abraham. Auch das Neue Testament spricht in ähnlichen Tönen z. B. von Zacharia und Elisabeth, den Eltern Johannes des Täufers. Sünder sind wir Durchschnittsmenschen alle, müßten es aber nicht sein.

Ungleich Kain, der auf Gottes Frage, wo sein Bruder sei, mit einer frechen Gegenfrage erwidert: »Bin ich denn der Hüter meines Bruders?« – antwortet Abraham auf Gottes Anruf mit dem einen Wort: *Hineni* – »Hier bin ich.« Und da auf Hebräisch das Wort »Antwort« gleichbedeutend mit Umkehr ist und auch Buße bedeutet *(Teschuwa)*, so obliegt es uns, diese Antwort Abrahams nachzuvollziehen, um aus der Sünde auszuziehen. Doch was ist Sünde? Das wortkarge Vokabular der Bibel besteht lediglich aus 7680 Wortstämmen – im Vergleich mit über 80000 in der Lutherübersetzung, jedoch für den Begriff *Sünde* gibt es nicht weniger als sechs hebräische Worte. Alle sind verschiedentlich nuanciert und gewichtet. Von der leichten Verfehlung über die Missetat des Übeltäters bis hin zur Todsünde. Kurzum, ein In-den-Wind-Schlagen der Warnung Gottes an Kain vor dem ersten Blutvergießen: Die Sünde lauert auf Dich wie ein Raubtier – Du aber sollst ihrer Herr werden. Hieraus ergibt sich die Freiheit, *Ja* zu Gott zu sagen oder *Nein* – sowie die persönliche Verantwortung jedes einzelnen und die Pflicht, die Folgen der eigenen Taten tragen zu müssen.
Das Judentum bejaht das Leben in seiner vielseitigen Gesamtheit. Schalom heißt nicht nur Frieden, sondern vor allem ein integrales Ganzsein. Das Ziel ist ein dreidimensionales Heilsein, sowohl nach innen mit sich selbst, nach oben mit Gott und nach allen Seiten hin als Eintracht mit Mensch und Umwelt. Dem biblischen Ganzheitsdenken gemäß ist Soziales, Politisches und Religiöses nicht voneinander zu trennen. Hieraus folgern wir, daß diese Welt weder heil noch heillos ist, wohl aber heilbar, wenn wir mit vollem Einsatz dazu entschlossen sind. Als Inspiration für uns alle dient der Aufruf Gottes an Abraham: »Wandle vor Mir und sei ganz!« – was viel mehr besagt als mit Gott zu wandeln oder Ihm nachzufolgen, wie von Noach berichtet wird. Es ist die Freilassung des Menschen zur Eigenverantwortung.
Die christliche Sicht ist eher vom paulinischen Pessimismus geprägt, der sein Menschenbild beherrscht. So tief ist demgemäß die vererbte Adamsschuld, so groß die Ohnmacht des Menschen, daß es des Sühnetodes Jesu bedurfte, um ihn von seiner

eigenen Unzulänglichkeit zu erlösen. Anders werden die Akzente im Judentum gesetzt, das natürlich auch die Schwäche alles Fleisches und die Verzweiflung nur allzu gut kennt, wie sie schon aus dem Buche Genesis, aus Hiob und aus den Psalmen förmlich herausschreien. Aus jüdischer Sicht will Gott jedoch keine willenlosen Marionetten für Sein fortschreitendes Schöpfungswerk, sondern aktive Mitarbeiter, der Sünde ausgesetzt, ihr aber niemals unterworfen. Wählt der Mensch in seiner Willensfreiheit falsch, sündigt er gegen Gott oder seinen Nächsten, so ist er der Strafe ausgesetzt, die auch zur Pädagogik Gottes gehört. Er soll und kann aber umkehren. Vor der Vergebung bedarf es der Reue und der Buße – in der Hoffnung, wieder von Gott angenommen zu werden. Daher lernen wir: Zu jeder Zeit soll der Mensch die Welt so ansehen, als wäre sie zur Hälfte gerecht und zur anderen Hälfte schuldig. Und diese eine Tat, die Du im Augenblick zu tun Dich anschickst, sie gibt den Ausschlag, ob die Welt gerecht oder schuldig gesprochen wird. Auf Dich und Deine Tat kommt alles an. Anders gesagt: Jedem Menschen werden zwei Sprüche in die Seele geprägt. Ein Spruch besagt: Staub bist Du und zum Staub kehrst Du zurück! Der andere aber lautet: Um Deinetwillen wurde die ganze Welt geschaffen; erweise Dich ihrer würdig! – Jedermans Ziel sollte es sein, so betont die Überlieferung, die beiden Sprüche zum Einklang zu bringen.

Doch was treibt den Menschen zur Sünde? Nach der Sintflut wird vom Menschenherzen gesagt, »es sei von Jugend an böse«. Also, nicht von der Geburt an, sondern von der Pubertät, womit gemeint ist, als Folgen schädlicher Einflüsse von Umgebung und schlechten Vorbildern. Sogar die Patriarchen bilden keine Ausnahme. Auf der Flucht nach Ägypten verübt Abraham eine Notlüge, um zu überleben. Jakob betrügt seinen greisen Vater. Auch König David wird als Ehebrecher öffentlich angeprangert, und Moses sündigt zweimal in der Wüste. Hier manifestiert sich wieder einmal die mitreißende Wucht der Bibel, die sich nicht scheut, von den Schattenseiten ihrer Helden zu erzählen. Sie kennt weder Schwarz noch Weiß, sondern tausend Schattierungen von Grau – wie sie das Leben zu bieten weiß.

Erbarmungsvoll ist Gott, so tröstet die Bibel wiederholt, indem sie sich auf die Dornbuschoffenbarung bezieht: *Ich werde sein wer ich sein werde*. Also: Ein für alle Zeiten undefinierbarer und nicht pachtbarer Gott, Der schon am Sinai verheißt: »Ich werde Mich erbarmen, wessen Ich mich erbarmen werde«. Jeder darf also auf Gnade und Vergebung hoffen – obwohl Gottes Wege uns nicht ergründlich sind, wie schon der Psalmist besagt. Womit wir wieder einmal bei der Urfrage nach der Theodizee angekommen sind, auf die keiner von uns die Antwort weiß.

Um Schuldbewußtsein nicht in einen Schuldkomplex ausarten zu lassen, betont ein Midrasch: Gottes Wille zu vergeben ist immer noch größer als Deine Kraft zu sündigen. Kain kann als Vorläufer aller Bußfertigen gelten, hat er doch nach seiner Bluttat aufgeschrien: »Ist denn meine Schuld zu groß zum Vergeben?« Was auf Hebräisch auch als ein unbeholfenes Schuldbekenntnis verstanden werden kann. Sein Vater Adam fragte ihn: »Was ist aus Deiner Rechtssache mit Gott geworden?« Und Kain erwiderte: »Ich habe Buße getan und bin auf Bewährung freigesprochen worden.« Da fing Adam an zu weinen und sprach: »So groß ist die Kraft der Buße, und ich habe es nicht gewußt.« Das Kainszeichen ist auf Deutsch völlig mißverstanden. Es wurde ihm als Schutzzeichen gewährt und nicht als Schandmal. Sein Zweck war die Vermeidung jedes weiteren Blutvergießens und die Kappung aller Blutrache.

Entgegen allem den Juden nachgesagten Erwählungsdünkel erklingt die Botschaft des Buches Jonah. Niniweh ist eine sündige Großstadt der Heiden, deren Einwohner zu den Erzfeinden des biblischen Israels gehörten. Und trotzdem sendet Gott den Hebräer Jonah dorthin, um auch sie zur Umkehr zu bewegen, da niemand aus Seinem Gnadenbereich ausgeschlossen bleibt. Dieses Buch wird seit undenklichen Zeiten als Prophetenlesung am Nachmittag des Jom Kippur in allen Synagogen gelesen. Warum gerade an diesem Tage? Weil es alle Elemente des Versöhnungstages enthält: Fasten, Trauer, Reue, Umkehr und die Vergebung. Außerdem hören wir ein gerüttelt Maß an jüdischer Selbstkritik. Sie äußert sich auch in der Sympathie für die Heiden – vom rücksichtsvollen Kapitän, der Jonah sehr sachte aufweckt, über die Matrosen, die sich anfangs weigern, Jonah ins Meer zu werfen, bis hin zur beispielhaften Buße der Leute von Niniweh – von denen in ihrer Hektik der Umkehr berichtet wird, daß sie sogar ihr Vieh in Sack und Asche kleideten. Am Schluß des Büchleins erfahren wir, daß Gott Sich in der Tat auch der Tiere erbarmt, die um der Menschen Sünde willen zu leiden hatten. Quer durch die Bibel hat auch die Erde, ja das Land – als Mitwelt oder als Umwelt – an der Menschen-Schuld zu leiden.

Berüchtigt im biblischen Altertum waren die beiden Heidenstädte Sodom und Gomorrha, die zweier Kardinalsünden Verweigerung der Gastfreundschaft und der Sodomie – also Vergehen gegen Mensch und Tier – bezichtigt wurden. Auch ihnen ist Gott bereit – sogar um nur zehn Gerechter willen – zu verzeihen. Auffallend ist die Tatsache, daß sowohl Sodom und Gomorrha als auch die Generation der Sintflut nicht wegen etwaiger Sünden gegen Gott bestraft wurden. Keineswegs! In beiden Fällen ging es um Nächstenhaß und Vergehen gegen Mitmenschen. Dies führt uns zu dem alten Diktum der Chassidim, das die Unmöglichkeit betont, Gott am Nächsten vorbei zu lieben.

Reue und Hoffnung auf Vergebung genügen aber nicht, wenn nicht das am Mitmenschen begangene Unrecht zuvor gutgemacht worden ist. (Was übrigens auch im Falle des Zachäus, des sündigen Oberzöllners, im Neuen Testament klar ersichtlich ist). Übertretungen zwischen Mensch und Gott kann der Jom Kippur sühnen, so heißt es, aber Übertretungen zwischen Mensch und Mensch sühnt der Versöhnungstag nicht. Es sei denn, der Schuldige habe seinen Nächsten zuvor versöhnt. Ganz in diesem Sinne fordert Jesus in der Bergpredigt: »Wenn Du Deine Gabe zum Altar bringst und Dich dort erinnerst, daß Dein Bruder etwas gegen Dich hat, gehe zuerst hin und versöhne Dich mit Deinem Bruder; dann erst komm und bring Deine Gabe dar.« Der Sinn liegt auf der Hand. Die horizontale, zwischenmenschliche Aussöhnung ist die unverzichtbare Vorbedingung, um vor Gott hinzutreten und die vertikale Versöhnung von oben zu erflehen. Daher heißt Jom Hakippurim

im rabbinischen Schrifttum »der Tag der Versöhnungen«, denn vor ihm kommen die *Zehn* Tage der *Umkehr* – die der mitmenschlichen Versöhnung und gegenseitigen Entfeindung gewidmet sind. Welch traurige Lektion, zutiefst gesehen! Die zwischenmenschliche Aussöhnung benötigt ein Zehnfaches an Zeit und Mühe als die von Gott erbetene!
Hier ist auch die Antwort auf die Frage zu finden, die von christlicher Seite häufig gestellt wird: Wie erfolgt die Sündenvergebung bei Juden, seitdem der Tempel in Jerusalem anno 70 mitsamt seinem Opferkult zerstört worden ist? Sie wird seit eh und je in drei Worten zusammengefaßt. Auf Hebräisch: *Teschuwah* – *Tefillah* und *Zedaka*. Auf Deutsch: Die Umkehr, das Gebet und Taten der Nächstenliebe. Ganz im Sinne der Propheten, von Samuel über Amos bis Hosea, die das Volk auf diesen Weg führen wollten, sogar als der Tempel noch bestand. Nicht um den Tempelkult abzuschaffen, sondern um Umkehr, Gebet und Zedaka den deutlichen Vorrang einzuräumen. Es war schon immer ein Bedürfnis der Menschen, Tieropfer als Ausdruck ihrer Ängste, ihrer Freuden oder ihres Dankes darzubringen. In diesem Sinne grenzt die Bibel den Opferkult schrittweise ein: Nicht überall darf geopfert werden, sondern nur im Tempel zu Jerusalem; nicht willkürlich, sondern nur zu bestimmten Zeiten; nicht jederman war zum Schlachten befugt, sondern nur speziell ausgebildete Priester; auch die Arten der Opfertiere wurden sehr eingeschränkt. Übrigens opfern Kain und Abel auf dem Felde – ohne daß wir von einem entsprechenden göttlichen Gebot erfahren hätten. Etliche Rabbinen fanden sogar in der Zerstörung des Tempels einen himmlischen Wink mit dem Zaunpfahl, den Opferkult endlich einzustellen – wie es dann auch geschah.
Warum schuf Gott den Atheismus, so fragte man einst den Rabbi Mosche von Sassow, eine der Leuchten des Chassidismus. Worauf er antwortete: »Auf daß Du den Bettler nicht mit Gott vertröstest, Der ihm Beistand leisten werde, sondern daß Du selber sofort ihm alles Nötige gibst. Helfen sollst du, als gäbe es keinen Gott – beten sollst Du aber – wissend, daß alles von Ihm abhängt. Und beides – helfen und beten – tue zu-

gleich!« Das ist vielleicht der Kern der jüdischen Ethik: eine Zweigleisigkeit, die Gebot und Gebet zur aktiven Einheit verschweißt. Wenn der Prophet Habakuk betont, daß der Gerechte sich in seinem Glauben bewährt, relativiert er dabei doch keineswegs die Ge- und Verbote der Torah. Seine Botschaft ist vielmehr: das eine tun und das andere nicht lassen – was uns lebhaft an Jesus von Nazareth erinnert: Auch er akzentuiert oft eine bestimmte Satzung, ohne dadurch eine andere Bestimmung der Torah aufzuheben. Beide erinnern an Abrahm, von dem im Buche Genesis berichtet wird: »Er vertraute Gott, Der es ihm als Bewährung erachtete.« Man bedenke! Diese Betonung des Glaubens bezieht sich auf einen Mann, der alle Prüfungen Gottes – im Tun wie auch im Lassen – glorreich bestanden hat.

Keiner der Propheten sparte mit Drohbotschaften an Israel und Anprangerung seiner Schuld; keiner von ihnen drohte jedoch mit einer Verwerfung oder mit einer endgültigen Aufkündigung des göttlichen Bundes. Trotz erschütternder Schelttiraden und massiver Beschuldigungen gilt keiner von ihnen als Sprenger oder Überwinder des Judentums. Im Gegenteil: Ihrer Drohbotschaft folgt immer wieder die Frohbotschaft von Zukunft und Hoffnung.

Klassisch ist auch die biblische Geschichte von Josephs Umgang mit der Schuld seiner Brüder. Wenn er als Stellvertreter des Pharao seine Brüder in seelische Not bringt, so will er nichts anderes, als ein Milieu schaffen, das sie zum Rückblick auf die eigene Verfehlung zwingt und ihnen in der Folge die Chance zur Läuterung bietet. Seine Rechnung geht auf. Die auf die Probe gestellten Brüder erinnern sich ihrer Missetat und sehen in ihrem eigenen Leiden ein Spiegelbild jener Qualen, die sie einst dem Bruder zugefügt hatten. Ein Schulbeispiel also für die biblische Pädagogik, die die Brüder durch Leiden zur Einsicht, von der Einsicht zur Umkehr und von der Umkehr zur Wiedergutmachung und zur Selbstverbesserung geführt hat.

In unserer Generation fällt dabei jener Brief des Landesbischofs Theophil Wurm von Württemberg auf, den er am 20. Dezember 1943 an den Chef der Reichskanzlei in Berlin

sandte. Dort heißt es: »Unser Volk empfindet vielfach die Leiden, die es durch die feindlichen Fliegerangriffe ertragen muß, als Vergeltung für das, was den Juden angetan worden ist. Das Brennen der Häuser und der Kirchen, die Flucht aus den zerstörten Wohngebieten, die Ratlosigkeit im Suchen einer Zuflucht. All dies erinnert die Bevölkerung aufs peinlichste an das, was die Juden bei uns erdulden mußten.« Wenn wir gemeinsam über Schuld und Reue nachdenken, gilt es vor allem inne zu werden, daß jede Sünde gegen einen Mitmenschen auch ein Vergehen gegen Gott ist, dessen Ebenbild wir ja alle sind.
Unsere redlichen Antworten auf Gottes ethische Grundfragen stehen noch immer aus.

Nur wer auf diese Fragen zu jeder Zeit die dem Bibelethos gemäße Antwort zu geben vermag, der wird dem Auftrag zum *Tikkun Olam* gerecht. Auf Deutsch: Der Auftrag zur Anbahnung des Himmelreiches auf Erden, will sagen einer besseren Zukunft für uns und unsere Kinder. Wie heißt es doch im Talmud: Der Aufgaben sind gar viele und Du wirst bestimmt nicht alle bewältigen können. Dies aber darf kein Grund sein, um Dich dessen zu entziehen, was Du zum Wohl Deiner Mitmenschen und Deiner Umwelt zu leisten vermagst.

Eine häufige christliche Frage an Juden lautet: Wann werdet Ihr endlich vergessen und vergeben? Haben wir vergessen, daß sowohl Judentum wie auch Christentum Gedächtnis-Religionen sind? Schließlich verewigt das Christentum Jahr für Jahr zu Ostern die Passion Jesu am Römerkreuz, ohne dabei Haß gegen die Römer zu schüren. Ebenso erinnern sich Juden alljährlich zu Pessach an den Exodus aus dem Lande der Sklaverei ihrer Vorväter – ohne zum Haß gegen Ägypten zu erziehen. Also beruhen beide Religionen auf aktiver Erinnerung, um aus ihr zu lernen und um die Zukunft humaner zu gestalten. So geht es beim Holocaust nicht um ein Vergessen, sondern um die richtige Art des Gedenkens.

Und nun zur Frage des Vergebens: Schuld ist weder kollektiv noch pauschal, sondern immer wieder persönlich, wie wir schon bei dem Propheten Ezechiel lernen: »Ein jeder sterbe für seine eigene Schuld – weder der Sohn für die Schuld des Vaters;

noch der Vater für die Schuld des Sohnes.« Verzeihung ist ein freier Akt jedes einzelnen Betroffenen. So habe ich das mir Angetane vergeben, um mich konstruktiver Entfeindung zu widmen; um ein kreatives Miteinander der Söhne und der Töchter unserer Generation zu fördern. Es gibt aber noch eine andere Vergebung, die nur Gott allein gewähren kann: All das an 50 Millionen Opfern des Zweiten Weltkrieges – unter ihnen auch deutsche Widerstandskämpfer und Judenretter – begangene Unheil. Zu all den vielen Deutschen, die damals nicht die Kraft zum Heldentum aufbrachten, würde ich mit Martin Buber sagen: »Mein der Schwäche des Menschen kundiges Herz weigert sich, meinen Nächsten deswegen zu verdammen, weil er es nicht vermocht hat, Märtyrer zu werden.«... Was sie jedoch tragischerweise versäumt haben, ist den Anfängen des Unheils rechtzeitig zu wehren.
Obwohl immer wieder neofaschistische Umtriebe hierzulande Grund zu großer Sorge und Kummer bereiten, hoffe ich dennoch mit ganzem Herzen, daß aus vielen persönlichen Vergebungen allmählich eine tragfähige Brücke der Versöhnlichkeit erstellt werden möge.

Hat das Judentum einen Missionsauftrag?

Um eventuelle Mißverständnisse und Fehlerwartungen zu vermeiden, sei gleich jetzt festgestellt, daß es mir hier nicht darum geht, die leidige Frage der christlichen Judenmission sowie das Elend, das sie verursacht hat und gelegentlich noch immer verursacht, zu beklagen. Ich will hier die Frage behandeln: Hat das Judentum eigentlich einen Missionsauftrag?

Lassen Sie uns vier Bibelaussagen aus jüdischem Munde als Grundlage für unsere Erörterung in den Raum stellen. Es handelt sich um diejenigen von Abraham, Jesaia, Jeremia und Jesus von Nazareth – stellvertretend für viele andere.

Von dem ersten Hebräer und dem »Vater des Glaubens« (wie die christliche Tradition ihn benennt) wird berichtet, daß er auch der erste Missionar für Gott war. Als er nämlich auf Dessen Geheiß mit seiner Frau Sarah von Charan ins Gelobte Land zog, begleiteten sie »die Seelen, die sie gemacht hatten« (Gen 12,5) wie es der Bibeltext besagt. Die Auslegung dieser Worte, die bald Schule machten, erklärt, daß es sich um die Gefolgschaft des Stammvaters handelte, die er den Glauben an Gott lehrte. Kurzum: Es gelang ihm, Menschen für Gott zu gewinnen, indem er ihre Seelen gleichsam gläubig »gemacht« hatte. In Erinnerung an den Stammvater wird bis heute der zum Judentum Übertretende ein »Sohn Abrahams« genannt.

Dieser Hebraismus schwingt auch in jenem Jesuswort mit, das wohl ursprünglich als Lob für den Bekehrungseifer der Pharisäer gemeint war: »Sie durchziehen Länder und Meere, um eine (einzige) Seele zu machen.« (Mt 23,15) Was die Pharisäer beseelte, war jener Auftrag des Propheten Jesaia, der auch heute nichts von seiner Gültigkeit eingebüßt hat: »Es ist nicht genug, daß du Mein Knecht bist, um die Stämme Jakobs aufzurichten und die Zerstreuten Israels wieder heimzubringen; Ich habe dich auch zum Licht der Heiden gemacht, daß du seist Mein Heil bis an die Enden der Welt.« (Jes 49,6) Diese Leitidee konkretisiert dann Jeremia in seiner Heidenpredigt, die er seinen Sendlingen auf den Weg mitgibt, um Heiden zum Glauben »an Den Schöpfer von Himmel und Erde« zu gewinnen (Jer 10,11 ff.), wobei er schonungslos »die Vertilgung aller Götzenbilder« fordert.

Nebenbei sei hier bemerkt, daß der Begriff »Bekehrung« (epistrophe) nur ein einziges Mal im Neuen Testament vorkommt, und zwar in der Apostelgeschichte (15,3) wo ganz eindeutig und gut jüdisch von einer Bekehrung der Heiden zum Gott Israels die Rede ist. Daran ändert auch der Missionsauftrag zu Ende des Matthäusevangeliums nicht das geringste. Denn dort schickt ein Jude 12 (oder elf?) andere Juden in alle Welt mit dem Auftrag: »Geht hin und machet alle Heidenvölker zu Jüngern, indem Ihr sie lehrt zu halten, alles was ich Euch befohlen habe!« (Mt 28,19–20) – wie es in der ältesten vorkanonischen Lesart heißt.

Zwei Dinge bedürfen hier der Hervorhebung: Da Matthäus sehr wohl den Unterschied zwischen »dem Volk« Israel (ho laos) als Gottesvolk, und »den Nationen« (ta ethne) als *Ha-Goim* also als Heidenvölker kennt, und da »alles was ich Euch befohlen habe«, wie es wörtlich heißt, nur die *Tora* und die Propheten in der jesuanischen Auslegung betreffen, aber keineswegs das Neue Testament einbeschließen kann, das ja damals noch nicht existierte (und gar erst Jahrzehnte später niedergeschrieben wurde), so ergibt sich nur eine mögliche Schlußfolgerung: Im Missionsauftrag des Auferstandenen geht es um eine jüdische Mission zu den Heiden, die zu den Grundwerten der *Tora* bekehrt werden sollen; dieselbe Tora, von der »kein *Jota* noch ein Tüpfelchen vergehen wird, bis das Himmel und Erde vergehen«, wie der Nazarener so eindeutig zu Anfang der Bergpredigt betont. (Mt 5,18)

Von einer christlichen Judenmission hingegen ist im Neuen Testament nirgends die Rede. (Wobei der Markus-Schluß »Predigt aller Kreatur!« als spätes Einschiebsel gilt.) Was sich im Christentum später im Missionsbereich ereignet hat, steht auf einem ganz anderen Blatt, das ich andernorts erörtern will. Was übrigens ein Jude von der christlichen Judenmission denkt, läßt sich in einem Satz zusammenfassen: Wenn es wahr ist, daß »ganz Israel gerettet werden wird«, wie Paulus ganz unzweideutig ohne Erwähnung der Taufe noch des Glaubens an Jesus betont (Röm 11,26); daß auch dem nachösterlichen Israel die Erwählung und die Göttliche Berufung als »unwiderrufliche Gnadengaben Gottes« angehören (Röm 9,4 und 11,29); und wenn letztlich das jüdische Volk von Gott nicht verstoßen wurde (Röm 11,1), sondern weiterhin Volk Gottes ist und bleibt (Röm 11,29) wie derselbe ›Heidenapostel‹ mit Nachdruck erklärt – zu wem oder zu was wollen die Christen eigentlich die Juden missionieren?

Zusammenfassend darf also behauptet werden, daß von Moses über die Propheten bis zu Jesus von Nazareth der Auftrag an Juden ergeht, ihre biblische Zuversicht an ihre Mitwelt weiterzugeben, den Glauben an Gott ihren Mitmenschen zu übermitteln und an der Verbreitung der jüdischen Heilswahrheiten aktiv mitzuwirken. Juden haben also bis zur Zerstörung des II. Tempels anno 70 Mission zum Mono-Theismus betrieben und zeitigten im ganzen Mittelmeerraum beträchtliche Erfolge – sowohl an Proselyten zum Judentum, als auch an sogenannten »Gottesfürchtigen«, – was damals Heiden bezeichnete, die, unterwegs zum Judentum, einstweilen die *sieben noachidischen* Gebote auf sich nahmen (Verbot der Tierquälerei, des Raubes, des Mordes, der Blasphemie, des Götzendienstes und des Inzest; sowie andererseits das Gebot der Rechtssprechung). Diese Gemeinden der *Gottesfürchtigen* und Halbproselyten waren später übrigens das Zielpublikum des sogenannten »Heidenapostels« Paulus und der jungen Kirche. (Dieser Titel wird ihm im Christentum zugesprochen, obzwar er sich mit einer Ausnahme – in Athen – zeitlebens nur an jüdische, judenchristliche oder gottesfürchtige Menschen und Gemeinden in seiner Predigt gewandt hat.)

Zurück zur jüdischen Mission! Schon um die Zeitenwende gab es unterschiedliche Einstellungen z. B. zwischen den Schulen Hillel und Schammai über die halachischen Möglichkeiten, Übertritte zum Judentum zu erleichtern oder zu erschweren. Von Hillel wird rühmend seine Milde hervorgehoben, dank der er zahlreiche Heiden für das Judentum gewinnen konnte (Sab-

bat 31 a). Diese Weltoffenheit erreichte ihren Höhepunkt mit dem Hilleliten Rabbi Jehoschua Ben Chananía, der sogar bereit war, auf die Beschneidung zu verzichten, um sich mit der jüdischen Taufe (Tauchbad) zur Aufnahme in das Judentum zu begnügen. (Jebamot 46 a – Bar) Andere Rabbinen gingen so weit, zu behaupten: »Wer sich vom Götzendienst lossagt, wird Jude genannt.« (Megila 13 a) Zu jeder Zeit gab es jedoch feste Regeln und Mehrheitsentscheidungen der Rabbinen, wie sie im Talmud erhalten sind und allgemeine Gültigkeit hatten.
Die damalige Missionsarbeit der Rabbinen war zwar intensiv, aber immer gewaltlos – bis auf eine tragische Ausnahme: die Zwangsbekehrung der Edomiter unter dem Spätmakkäbäer Jochanan Hyrkanos, die böse Folgen hatte: Herodes, ein Sprößling dieser Zwangsbekehrten, unter dessen brutalem Regime das Volk sehr in Mitleidenschaft gezogen wurde.
Nach dem Jahr 70, als der Tempel und ganz Jerusalem von den Römern zerstört wurden und das jüdische Volk in alle Welt vertrieben wurde, war keine Mission mehr möglich.
Als die Kirche später unter Konstantin zur Machtkirche aufrückte, verbot sie das jüdische Missionieren unter Todesstrafe. Seit damals rät das Rabbinat von jeder jüdischen Missionierung ab – um so mehr, als im Mittelalter die Judenverfolgungen und Verleumdungen seitens der Kirche immer ärger wurden. Desungeachtet gab es zu allen Zeiten Einzelübertritte von beherzten Christen, wie z. B. Bodo, der Hofkaplan von Kaiser Ludwig dem Frommen, der um 840 mit seiner ganzen Familie zum Judentum konvertierte; der Normannenprinz Obadia in Süditalien um 1100 und der Abt eines französischen Franziskanerklosters, der anno 1270 zum Judentum übertrat. Letzterer wurde von seiner Kirche deshalb verbrannt. Andere Fälle von Übertritten sind wohlbekannt.
Machen wir einen großen Sprung in der jüdischen Geschichte. Bis zum 17. Jahrhundert wurden Juden mit mehr oder weniger Gewalt zur Taufe gezwungen. Mit Öffnung der Ghettos nach der französischen Revolution kam es zu einer Flucht aus den Mauern. Doch um volle Integration in die Gesellschaft erringen zu können, mußte man sich dem sozialem Zwang zur Taufe

unterwerfen. Das Schicksal von Heinrich Heine, Ludwig Börne und vielen ihrer Zeitgenossen kann als Beweis dafür gelten, daß die Taufe als »Eintrittsbillet« in die europäische Gesellschaft nötig war.

In unserem Jahrhundert war der Holocaust mit seinem Aderlaß an jüdischem Blut eine traumatische Wasserscheide, deren Folgen noch lange nicht überwunden sind. So sagt heute die jüdische Orthodoxie mit ihren vielen Schulen und verschiedenen Nuancen: Wir bleiben bei der alten Tradition, gerade weil so viele Juden vernichtet wurden und wir das heilige Erbe unverändert pflegen und tradieren müssen. Daher werden jedem Anwärter zu einer orthodoxen Konversion Studien und Prüfungen auferlegt, die nicht immer leicht sind – nach dem Motto: Wisse, was Du auf Dich nimmst! Ganz anders verhalten sich z. B. die Jüdische Reform und Reconstructionist-Bewegungen, die die Aufnahme ins Judentum wesentlich erleichtern – gerade weil das Judentum so viele Opfer zu beklagen hat. Daß es hier zu innerjüdischen Meinungsverschiedenheiten kommt, die auch ins Politische überschwappen und gelegentlich das Verhältnis Israel-Diaspora trüben, soll anderweitig erörtert werden. Die komplizierten juridischen Probleme um die Fragen: *Wer ist Jude?* und *Wer ist Rabbi?* werden wohl in all ihrer Brisanz erst nach Friedensschluß des Staates Israel mit den Arabern innerjüdisch ausgetragen werden können.

Dessenungeachtet bleiben wir hier bei unserer Hauptfrage: Ist das Judentum in seiner normativen Gestalt, trotz Verfolgungen, Dezimierung, Verbot des Missionierens, der Schoah und der selbstauferlegten Zurückhaltung – ist es seiner eingestifteten Sendung, den Ein-Gott-Glauben in die Welt zu tragen, einigermaßen gerecht geworden? Da es unmöglich ist, der ganzen Theologie des Judentums an dieser Stelle gerecht zu werden, will ich es von der Wirkungsgeschichte her versuchen, die weitgehend verkannt worden ist. Es geht hier vor allem um zehn Denk-Evolutionen, die vom Judentum aus – durch Kultur-Osmose, also: teils bewußt, teils unbewußt; teils sichtbar, teils unsichtbar – in alle Welt hineingedrungen sind. Sie sind zu den Grundlagen des Abendlandes geworden und zum Mutterboden der beiden theologischen Töchter des Judentums, als da sind: das Christentum und der Islam.

Erstens: Vor allem geht es um den Mono-Theismus. Das theopolitische Leitmotiv aller Monarchien im vor-biblischen Orient hieß: »Der König ist Gott!« Ein sehr bequemes Motto, das allen Pharaonen und Herrschern der Assyrer, der Mesopotamier und Ägypter zur Anbetung als Gottheiten verhalf. Seit der Sinai-Offenbarung wurde dieses Prinzip auf den Kopf gestellt. Von nun an hieß es: Gott ist König; und nur Er allein! Mit dieser einschneidenden Veränderung wurden alle Herrscher schlagartig zu Menschen reduziert; und die versklavten Hebräer im Niltal gewannen ihre Menschenwürde. Für das Abendland mit seiner christlich-jüdischen Tradition ist dies eigentlich die Geburtsstunde der Demokratie – indem bewußt wird, daß alle Menschen Kinder ihres himmlischen Vaters sind. Mit diesem anfänglichen Mono-Theismus ergibt sich auch als Ziel: die Mono-Ethik. Im Glauben an Den *Einen* Gott sind wir alle aufgefordert, die geoffenbarte Ethik zur Grundlage unseres Handelns zu machen.

Zweitens: »Am Anfang schuf Gott.« Hinter diesen vier (auf Hebräisch drei) Worten steckt die zweite Denk-Evolution. Um ihrer gewahr zu werden, müssen wir verstehen, woraus die Kosmogonien – die Schöpfungsgeschichten – in Babylonien, Mesopotamien und Ägypten bestanden. Sie waren auf Sagen und Mythologien gebaut, in denen viele Götter ein Weltall schufen oder geschaffen vorfanden – von wo an ein endloser Kreis von Verwandlungen begann: vom Chaos zum Kosmos und zurück zum Chaos, und dann wieder zum Kosmos hin. Ein Karussell, sozusagen, das sinnlos, zwecklos und endlos ein Kreislaufdenken von Wiederholungen zur Welt brachte, in dem ein Vorwärts-Gehen und eine Zielstrebigkeit völlig undenkbar waren. »Am Anfang«. Mit diesen zwei Worten wurde das Kreislaufdenken des vorbiblischen Orients zerbrochen, denn mit diesem ersten Bibelsatz aus dem Buche Genesis wurden der Welt drei Dinge geschenkt: ein ursächlicher Anfang, ein zielbewußtes Weiterstreben und, nicht zuletzt, eine künftige endzeitliche Erlösung. Denn, wie die Rabbinen hellhörig folgern: Wer »Am

Anfang« sagt, der läßt ein Weitergehen und ein Endziel unüberhörbar mitschwingen. Das Kreislaufdenken wurde endlich linear – womit die dynamische Zivilisation des Okzidents ermöglicht wurde. Die Entwicklung als Entfaltung tauchte nun als Gedanke auf und wurde bald zu einem Wort, das es vorher nicht gegeben hatte. Greifen nicht so manche Verkünder der neuesten Esoterik unserer Tage, von Sektierern bis zu New-Age-Trends, auf diese uralten, vereinfachenden Mythologien zurück?

Drittens: Die dritte Evolution steht im dritten Wort der Bibel: Er schuf. Die Götter der Antike in all ihren Ausgestaltungen, hatten eines gemeinsam: sie machten ihre Hände niemals schmutzig. Sie ruhten in olympischer Gelassenheit und überließen die Arbeit ihren Sklaven, nämlich den Menschen. Bei den Hebräern hingegen taucht Gott gleich im ersten Bibelsatz als *Schöpfer* auf, Der da schafft und Sich müht – womit schlagartig die Arbeit, die bislang verpönt war, einen hohen Stellenwert bekommt. Wenn Gott schafft und Er selbst Arbeit verrichtet, sechs Tage lang noch dazu, um dieses Schöpfungswerk zu vollenden, dann kann der Erdling (*Adam*) als Kind dieses Schöpfers Gott getrost nachfolgen. Dann aber bekommt die Arbeit nicht mehr den üblen Beigeschmack der Sklaverei, sondern einen Hauch von Kreativität. Sie rückt auf zur berühmten Imitatio Dei: der Nachahmung Gottes als biblischem Grundwert und Leitmotiv der Ethik. Leider mahlen hier nicht die Mühlen Gottes – wie das Sprichwort es will – langsam, sondern eher diejenigen der Menschen. Die Sklavenhaltung erwies sich bekanntlich als sehr zählebig. Interessant ist auch, daß am zweiten und am dritten Schöpfungstag Sonne und Mond nicht namentlich erwähnt werden. Warum?

Viertens: Dies führt uns zur vierten Denk-Evolution. Es steht nämlich: »Gott schuf die große Leuchte und die kleine Leuchte am Firmament.« Die Theologen haben lange gerätselt, warum die Hebräer hier nicht »Sonne und Mond« sagen, wofür es doch vier geläufige Vokabeln gibt. Der Grund ist recht einfach: Die Welt des Altertums war weitgehend in Sonnenanbeter und Mondanbeter geteilt. Um alle Himmelskörper ihrer angeblichen Magie und Pseudo-Göttlichkeit zu entleeren, wurden Sonne, Mond und Sterne zu Werken Des Einen Gottes umgewertet, die, wie die Heuschrecken, der Regenwurm und das Gras Seine Geschöpfe sind und als solche nicht anbetungswürdig sein können. Um ihnen auch die letzte Spur der Magie zu nehmen, werden sie gar nicht mit Namen genannt. »Die große Leuchte« und »die kleine Leuchte« waren gut genug für sie.

Hat diese gebotene Entwöhnung vom Götzendienst nicht in unseren Tagen erneute Aktualität – zu einer Zeit, da Götzen und ›Goldene Kälber‹ verschiedener Art wiederum angebetet werden?

Fünftens: Die fünfte Denk-Evolution steckt in dem schönen Satz, an den wir alle uns längst gewöhnt haben, der aber nichts von seiner immergrünen Aktualität eingebüßt hat: »Und Gott schuf den Menschen zu Seinem Bilde, zum Bilde Gottes schuf Er ihn.« Was hier von Wichtigkeit ist, ist vor allem die Einzahl: Gott schuf *Den* Menschen. Auf Hebräisch heißt er *Adam*, was drei Dinge bedeutet: Vor allem heißt er *Erdling*, weil er aus der *Adama* genommen wurde. Damit ist natürlich auch die Frau gemeint; denn Adam ist kein Vorname, sondern ein Gattungsbegriff und zugleich ein heilsamer Dämpfer für allen menschlichen Größenwahn. »Aus der Erde wurdest Du genommen«, so sagt Die Schrift, und fährt fort: »Von der Erde nährst Du Dich ein Leben lang, und zur Erde ist letztlich Deine Heimkehr!« Um seine dreifache Erdgebundenheit zu betonen, heißt er *Erdling*. Adam jedoch heißt auch, wie gesagt, die Gattung Mensch schlechthin. Und nicht zuletzt bezeichnet sie jedes Einzelwesen auf zwei Beinen – womit alle Völker, Farben und Sprachen miteingeschlossen sind. So daß, dem Sinn gemäß, Adam im Schöpfungsbericht eigentlich mit *»Unsereiner«* oder *»Jederman«* und *»Jedefrau«* übersetzt werden sollte, womit wir alle gemeint sind. Das Wort *»Er schuf«* (auf Hebräisch: *Bara*) kommt in der Bibel nur als das Werk des Schöpfers vor. Der menschliche Bereich hingegen erschöpft sich im Tun, Arbeiten und Fabrizieren. Diese Unterscheidung gewinnt erneut an Bedeutung in unseren Tagen, wo sich die genetische Manipulation anschickt, in die Schöpfungsordnungen einzugreifen.

Sechstens: Die sechste Denk-Evolution würde ich mit einem Satz kennzeichnen, der wie ein roter Faden durch die ganze Hebräische Bibel läuft und sich auch dem Christentum nachhaltig eingeprägt hat: »Diese Gebote« so heißt es sechsmal im Fünften Buche Mose, »all diese Gebote und Satzungen, die Der Herr euch gegeben hat, sind euch anvertraut, *auf daß ihr lebet*«, womit das Menschenleben – und zwar jedes einzelne – zum heiligsten Wert auf Erden erhoben wird. Denn das Leben ist heiliger als alles Materielle auf Erden. Und so heißt es schon im Talmud: »Wer einen Menschen errettet, dem wird es angerechnet, als habe er die ganze Welt errettet; und umgekehrt: wer ein einziges Leben auslöscht – der gilt, als habe er die ganze Menschheit zerstört!« Diese »Biophilie« als Liebe zum Leben und Ehrfurcht vor dem Leben hat das Judentum nicht nur der anderen monotheistischen Religion weitergegeben, sondern auch diversen Philosophien und Ideologien, die auf andere Weise die Menschheit zu humanisieren versuchen. Die Hebräische Bibel beginnt nicht mit der Geschichte der Juden, und sie schließt auch nicht mit ihr. Sie beginnt mit der Menschheit als einer verwandten Groß-Familie, und sie schließt mit der erlösten Menschheit als Ziel der gesamten Weltgeschichte. Die Juden sind für die Hebräische Bibel das Mittelstück.
An dieser Stelle werde ich häufig gefragt: Wie steht es aber um die berühmte Auserwählung? Sind die Juden Vorzugsschüler Gottes? Dieser Begriff wurde zu einem der ärgsten und folgenschwersten Mißverständnisse im Verhältnis von Juden und Christen. Um es auf seine Quintessenz zu komprimieren, würde ich sagen: Christen behaupten, diese Erwählung sei angeblich eine Würde; Juden hingegen wissen, daß sie eine Bürde ist. Christen erachten sie als eine Gabe; Juden halten sie für eine Aufgabe. Für Christen gilt sie als ein Vertrag; für Juden ist und bleibt sie ein Auftrag Gottes. Schon den drei Stammvätern Abraham, Isaak und Jakob, lange bevor es Juden als solche gab, zur Zeit als sie noch obdachlose Nomaden in einem fremden Lande waren, wurde der globale Auftrag eingestiftet: »In Euch sollen alle Geschlechter der Erde Segen finden!« Erst viel später kam es zur Gründung des Stämmebundes Israel, aber

auch dann hat ihn dieser Universalismus nie verlassen; niemals durfte er vergessen werden. Es kam zu einem Wechselstrom von Partikularismus einerseits und Universalismus andererseits, die bis heute koexistieren. Von den Propheten wurde der universalistische Segensauftrag immer wieder all jenen eingeschärft, die den Heilsegoismus auf ihre Fahnen schreiben wollten, wie es in der jüdischen Geschichte, wie auch in anderen Religionen, des öfteren vorkam.

Die siebente Denk-Evolution besteht im Bilderverbot und in der Namensscheu. Was ist das Bilderverbot? Es ist ein geistiges Vorbeugungsmittel gegen »theologische Arterienverkalkung«, wir man sagen könnte. Denn sobald Gott auf eine einzige Skulptur, auf eine Definition oder ein bestimmtes Bild festgelegt wird, so wird aller Phantasie, aller Vorstellungskraft der Freiraum genommen – und es beginnt die Geschichte des festgefrorenen Gottesbildes. Dank dem Bilderverbot hat jedermann die Möglichkeit, sich sein eigenes Gottesbild selbst auszudenken. Dann aber bleibt Gott in Seiner unendlichen Vielgestaltigkeit lebendig, dynamisch und offen.

Wäre dieser Gedanke nicht auch hilfreich für so manche feministische Theologin, die ihrerseits Gott auf eine weibliche Vorstellung festschreiben will? Es gibt heutzutage eine umfangreiche Literatur der christlich-feministischen Theologie, die z. B. »Mutter-Unser« und »Jesa-Christa« zum Thema hat. Bei allem Einsatz für die nötige und überfällige Gleichberechtigung der Frau sollte doch das Gottesbild jetzt nicht definitiv weiblich fixiert werden – wie es ehedem männlich geschehen ist. *»Ich werde sein, wer Ich sein werde.«* So lautet die Selbstoffenbarung Gottes im Dornbuschgespräch mit Mose – und diese Antwort ist und bleibt über alle Sexualität erhaben.

Zu dem Bilderverbot gesellt sich die sogenannte *Namensscheu*, der auch Rabbi Jesus, gut jüdisch, die Treue hielt. Anstatt das Wort Gott zu zerreden, finden wir im Judentum, auch bei Jesus eine Fülle von Umschreibungen wie etwa *Vater im Himmel, der Heilige oder der Herr der Welt*. Der Heilige Name selbst wird nie ausgesprochen, um Ihn nicht zu banalisieren. Die Heiligkeit sollte eher ungesprochen bleiben, um sich in Schweigen zu hüllen.

Die achte Denk-Evolution ist die große Doppelliebe – zu Gott und zum Mitmenschen, wie sie in der Hebräischen Bibel verankert ist –, von wo sie auch der Rabbi von Nazareth übernommen und verkündigt hat. Die Konsequenz für ein humanes Miteinander, die das ganze Abendland sich zu eigen gemacht hat, liegt auf der Hand: Wer seinen Nächsten nicht liebt, kann nicht behaupten, er liebe Gott. Denn der kürzeste Weg zu Gott führt immer über den Nächsten – sei er Mann oder Frau, schwarz oder weiß, reich oder arm. Dies ist auch die Grundlage für alle heutigen Bemühungen um eine weltweite Ökumene aller Gottesfürchtigen überall. Denn ohne solch eine Verständigung der Religionen wird es keinen Weltfrieden geben, den wir alle so sehnlich erstreben.
Die neunte Denk-Evolution ist der Sabbath als allwöchentlicher Ruhetag, nach dem Sechstage-Werk. Dieser Rhythmus hat inzwischen fast die ganze Welt erobert: Christentum und Islam, auch Kommunisten und viele Länder im Fernen Osten schlossen sich ihm an, so daß wir von einer »*Versabbatlichung*« der ganzen Erde sprechen können. Seit Bibelzeiten erstreckt sich die Sabbatruhe auf den gesamten Haushalt – selbstverständlich auch auf die Frauen. Der Sabbat ist ein Familienfest mit einer fröhlichen Liturgie, die Weltbejahung, Lebensfreude und Danksagung zum Ausdruck bringt. Ein häufig gehörtes Vorurteil behauptet bis heute, Heilungen am Sabbat seien angeblich verboten. Das Gegenteil aber entspricht der Wahrheit. Es ist nicht nur erlaubt, sondern *Pflicht*, im Falle von Schmerzen und Krankheit alles notwendige zur Linderung und zur Heilung, auch am Sabbat, zu unternehmen. Wie Jesus und seine rabbinischen Kollegen vor ihm, mit ihm und nach ihm betonen: »Der Sabbat ist um des Menschen willen gegeben – und nicht der Mensch um des Sabbats willen.« Und nun zur *zehnten* Denk-Evolution: Der Messias – ein hebräischer Begriff, der sich in allen Sprachen eingebürgert hat und zum Inbegriff aller biblischen Hoffnungskraft geworden ist. Er gab und gibt dem Judentum die Kraft, allen Katastrophen zum Trotz, weiter zu gehen und immer wieder neu anzufangen – auch zu Zeiten, als die Mitmenschlichkeit auszusterben drohte und die Unerlöstheit

dieser Welt zum Himmel zu schreien schien. Diese messianische Zuversicht haben die Kirchen vom Judentum übernommen – mit der Person des Rabbis von Nazareth als Heiland ihrer Erlösungslehre. Das Christentum betet inständig um seine Wiederkunft; das Judentum fleht täglich um die Ankunft des Messias. Vielleicht wird der so sehnlich Erwartete unser gemeinsamer Erlöser sein? Die Christen glauben ihn zu kennen; die Juden jedoch nicht. Ob es Jesus sein wird oder ein anderer – am Tage seiner Ankunft wird es sich mit Sicherheit herausstellen. Bis uns Gott Gewißheit schenkt, sollten wir Juden und Christen eine Groß-Allianz der Hoffnung gründen, denn wir sitzen ja alle im selben Boot und sind denselben rauhen Winden ausgesetzt. Ist es da nicht hoch an der Zeit, trotz aller zugegebenen legitimen Unterschiede, nicht mehr Halleluja gegeneinander zu singen?

Dies sind in Kürze *die zehn Denk-Evolutionen*, die das Judentum als Denkanstöße und als geistige Anregungen der europäischen Zivilisation vermittelt hat. Eine zehnfach tragfähige Brücke zur Verständigung, zur Aussöhnung und zur gläubigen Mitarbeit an dieser noch unfertigen Welt, die weder heil noch heillos ist, wohl aber heilbar – wenn wir alle mit vollem Einsatz dabei mitzuwirken entschlossen sind.

Arbeit: Fluch oder Segen?

Arbeit galt im vorbiblischen Orient als etwas entehrendes, das nur Minderwertigen zugemutet werden konnte. »Als die Götter die Arbeit noch trugen und unter der Mühsal litten«, so lesen wir in einem babylonischen Schöpfungsepos, das über 4000 Jahre alt ist, »da war das Werk schwer und die Erschöpfung groß. Deshalb ließen die Ober-Götter die Unter-Götter die Arbeit verrichten.« Hierauf kam es zu einem Streik im Himmel, einer Revolte der unteren Göttlinge, und schließlich zu Verhandlungen, die zu dem Beschluß führten, Menschen zu schaffen. Gleich darauf brachte die Geburts-Göttin Lullu aus Ton und Blut die Menschen zur Welt, deren einzige Aufgabe es war, anstelle der meuternden Göttlinge die schwere Erdarbeit zu verrichten.

Auch bei den alten Griechen galt der Himmel als eine arbeitsfreie Welt. Darum verpönten die freien Bürger jedwede Beschäftigung, die die geringste Ähnlichkeit mit Arbeit aufwies. Jeder, der das Leben eines »Banausen« führen mußte (wie man die Ofensetzer und die Tagelöhner abschätzig nannte), konnte sich nicht in den Werken der Tugend üben, die zur griechischen Menschenwürde gehörten. In diesem Sinne lesen wir bei Aristoteles in der *Politeia*, daß sein Lehrer Sokrates sein Leben lang niemals gearbeitet habe. Hier spiegelt sich deutlich die Einstellung einer auf Sklavenarbeit basierenden Gesellschaft wider, die die Schwachen unterwarf, um den Lebensstandard der Reichen zu gewährleisten. Anders gesagt: Arbeit machte unfrei, und wer rechtlos war, der wurde zur Arbeit verdammt.

Diametral entgegengesetzt zu dieser Arbeitsverachtung ist von Anfang an die Einstellung der Bibel: Gott ist im Grunde genommen Erstarbeiter: Aus dem Nichts erschafft Er die ganze Welt in sechs vollen Arbeitstagen. Alles, was da leibt und lebt, ist »das Werk Seiner Hände«. Auffallend jedoch ist, daß – wie gesagt – die biblische Sprache das Zeitwort *schöpfen* nur für

Gott reserviert. Für uns Menschen gibt es eine Fülle von Möglichkeiten der Betätigung, wie etwa tun, machen, herstellen, schaffen oder produzieren – alles aber eben nach Seinem Vorbild.
Nun stellt sich aber die Frage: Warum schuf Gott den Menschen? Die Antwort lautet: Auf daß dieser an der Welt weiter baue, die Gott ihm anvertraut hat. Hier beginnt der biblische Auftrag im Sinne der *Imitatio Dei*, nämlich: diese Erde zu einer würdigen Heimat für alle Menschenkinder zu machen.
Wir finden in der deutschen Übersetzung der Bibel gar viele Übersetzungsfehler. Einer der schwerwiegendsten lautet: Macht Euch die Erde untertan! Das führte zu einer sträflichen Ausbeutung des Bodens und seiner Ressourcen, die uns Menschen angeblich als Werkzeuge oder als Selbstbedienungsladen zur Verfügung gestellt worden seien. Mitnichten! Im hebräischen Original aber heißt es: »Regieret die Erde weise« – also zugunsten aller Beteiligten.
Schließlich sind Fauna und Flora die Erstlinge der Schöpfung und dem zuletzt erschaffenen Menschen zur Betreuung anvertraut. In der orientalischen Symbolik ist der Jüngere immer für das Wohl des Älteren verantwortlich. Will sagen: Nicht Krone der Schöpfung ist er, – der Mensch – sondern Treuhänder Gottes für seine gesamte Mitwelt, die nicht zur Umwelt entwürdigt werden sollte. Bibel und Talmud bieten eine Fülle von kreativen, produktiven Hinweisen für einen ethischen Umgang mit der Natur – als der Ast, auf dem wir sitzen, das Feld, das uns zeitlebens ernährt, und unsere Heimat im Leben und im Tode.
Dies erstreckt sich auch auf eine nach-agrarische Gesellschaft, in der die Bauern nicht mehr wie einst zu den tragenden Säulen des staatlichen Gemeinwesens gehören. Von einer Ausbeutung der Natur darf genausowenig die Rede sein, wie von einer defätistischen, scheinheiligen Askese. Verwalten, gestalten und entfalten sollen wir diese Erde, und von ihren Früchten leben. Allerdings ist eine freiwillige, begrenzte Selbst-Bescheidung vonnöten: Müssen wir denn alles haben, was habhaft ist – und alles essen, was da kreucht und fleucht? Nur Heuchler werden

behaupten, daß für vernünftigen Mitweltschutz keine Arbeitsplätze geschaffen werden könnten oder kein Geld damit verdient werden dürfe! Kreativität und Freude an der Arbeit gehörten allemal zu der Hauptmotivation vieler großer biblischer Gestalten.

So finden wir unter den Meistern der jüdischen Schriftauslegung Schuhmacher, Gerber, Töpfer, Hirten, Winzer und viele andere Werktätige, die Beruf und Berufung harmonisch miteinander zu verbinden wußten. »Mache die Lehre nicht zu Deiner Milchkuh!« Das ist ein bekanntes Motto aus jenen Tagen. Will sagen: Sie legten größten Wert auf ihre wirtschaftliche Unabhängigkeit und die Freiheit ihrer Lehrmeinung. Wäre hier vielleicht eine kleine Anregung für heutige Funktionäre und so manche white-collar-Prominenz?

Nahtlos reihen sich in die jüdische Tradition auch die Leitgestalten des Neuen Testaments ein: Wo bliebe das Christentum ohne Joseph den Zimmermann, Paulus den Zeltmacher, Simon den Gerber, Petrus und Andreas die Fischer – um nur einige wenige leuchtende Beispiele zu nennen. Der Talmud bringt es auf den Punkt: Ein Vater, der seinen Sohn nicht in die Bibel einführt und ihn kein Handwerk lehrt, verleitet ihn zur Sünde.

Auch in unserer postmodernen Zeit könnten wir aus den Lebenserfahrungen der Bibel so manche Scheibe mit Gewinn abschneiden und Lösungsvorschläge für heutige Nöte und Probleme erarbeiten. Von Kriegen, Neid und Habgier, Eifersucht und vielen anderen Untugenden sind wir noch immer so geplagt, wie unsere Vorfahren es waren. Überheblichkeit wäre fehl am Platze! Was ist der Mensch, zutiefst gesehen, damals und heute? Erdenkloß und Ebenbild Gottes zugleich. Ein Bindestrich zwischen Oben und Unten – wenn es ihm gut geht. Ein gekrümmtes Fragezeichen – sobald die Schmerzen über ihn kommen. Kurzum: eine Kontrastharmonie von Selbstwidersprüchen auf zwei Beinen: agressiv und friedliebend; grausam und zärtlich; selbstsüchtig und aufopfernd; anfällig für Ohnmachtsängste und Allmachtsallüren in gleichem Maße. Seine schwerste Herausforderung aber bleibt die eingestiftete Frei-

heit der Wahl zwischen Gut und Böse, die sein Himmelreich oder seine Hölle werden kann.
Bis nicht ein jeder von uns, mitsamt unseren gewählten Körperschaften, Gewerkschaften und Politikern eine mitmenschliche Antwort auf diese Optionen geben wird, wird diese Welt nicht heil sein. Der Bibelmensch vertraute auf Gott in einer Fülle von metaphysischen Bildern aus der Arbeits- und Alltagswelt: als Hirten verstand man Ihn – Der auch die Schwachen liebt, als Töpfer, Der Seine Geschöpfe formt; als Lehrer, Der lobt, aber auch zu schelten und zu strafen weiß.
Eines der großen Geschenke an die Menschheit ist – wie schon gesagt – der biblische Sieben-Tage-Rhythmus, der zur Grundlage der gesamten Arbeitswelt geworden ist. Selbst Gott ruhte nach sechs Arbeitstagen und heiligte den Sabbat. Der Genuß dieser Ruhe steht von Anfang an auch der Frau, dem Fremdling, dem Knecht und der Magd zu. Ja, selbst die Arbeitstiere – unentbehrlich wie sie in der damaligen Welt noch waren – haben Anspruch auf ihre Sabbatruhe. Obwohl Maschinen heute bei uns die Arbeitskraft der Tiere ersetzen, bleiben die Psyche und der Körper des Arbeiters dem Siebener-Rhythmus verhaftet. Krampfhafte Bemühungen des sowjetischen und des chinesischen Kommunismus, aus technischen Gründen einen Zehn-Tage-Rhythmus einzuführen, scheiterten kläglich. In aller Deutlichkeit empfiehlt sich also auch hieraus, den Siebenten Tag nicht zu veralltäglichen – und ihn nicht zum Wandergesellen der Wochentage werden zu lassen, von absolut notwendigen Ausnahmen einmal abgesehen.
In unserer Wohlstandswelt stellt sich so mancher Arbeiter, nein: Arbeitsbesitzer, nicht nur die alte Frage: Wovon lebt der Mensch? Er grübelt zunehmend auch über die Frage nach, wofür er eigentlich lebt und arbeitet? Also: Um Geld und Status geht es einerseits; aber um die Suche nach den Sinn des Lebens andererseits. In diesem Sinne sollten Arbeitnehmer nicht wie Schachfiguren umhergerückt werden. Der dabei entstehende Verlust an Selbstwertgefühl und an Arbeitsmotivation könnte jedweden Effizienzgewinn wieder zunichte machen. Wohlgemerkt, wir sprechen hier von Problemen einer satten Gesell-

schaft. Die Arbeitslosen, die Menschen der Zweiten und Dritten Welt sind ein ganz anderes Thema, dem wir uns aber nicht entziehen dürfen und können. Frei nach Brecht: »Stell Dir vor, es ist Arbeitslosigkeit, und keiner geht hin – dann kommt sie eben zu Dir!«
Unsere Jugendlichen sind in eine Wohlstandsgesellschaft hineingeboren, geschützt von einem noch nie dagewesenen feinmaschigen Sicherheitsnetz. So absurd, wie es auch auf Anhieb scheinen mag, gibt es zwischen Dantes *Inferno* und unserer Wohlstandsgesellschaft eine frappante Ähnlichkeit: Auf dem Portal zur Hölle in der »Göttlichen Komödie« steht bekanntlich ganz unbiblisch geschrieben: *Ihr, die Ihr hier eintretet, lasset alles Hoffen*! Treffen wir nicht häufig einen solch fatalistischen Ausdruck auch auf den Gesichtern so mancher frustrierter Zeitgenossen? Hat vielleicht der Prophet Jesaia doch recht, wenn er allegorisiert: »Als Jeschurun fett wurde – da schlug er aus!« Müssen denn jeder Wunsch und jeder Traum als Anspruch auf Sofort-Erfüllung präsentiert werden? Eine solche Einstellung öffnet Tür und Tor der Unzufriedenheit und der Hoffnungslosigkeit – bis hin zur Selbstmordgefährdung, in der Tat.
Die Bibel schlägt eine ganz andere Bewältigung vor: »Ihr seid alle Gefangene der Hoffnung« (Zacharia) – womit gemeint ist: Sie läßt keinen von Euch los. Welch ein Trost! Auch hier ist der verantwortungsbewußte Unternehmer gefragt. Abgesehen von finanziellen Sorgen und trotz der Computerisierung sollte ein Betrieb immer noch an der Qualität seines Arbeitsklimas gemessen werden. Auf unabsehbare Zeit muß der Computer ein Werkzeug des Menschen bleiben – und nicht umgekehrt – auch wenn an der Herstellung einer »künstlichen Intelligenz« fieberhaft gearbeitet wird.
Lange vor Anbruch des Ruhestandes kann und soll dem Arbeiter die Scheu vor dem fortzusetzenden Weiterlernen genommen werden. Die Mär von unserer angeblich verkopften Gesellschaft muß endlich dementiert werden. Biblisch ist und bleibt der Mensch ein Ganzes. Und nur der Einsatz all seiner Gaben – von Kopf bis Herz, mit allen Sinnen und Gefühlen –

werden ihm zur Selbstverwirklichung verhelfen. Nota bene ist mir eine übertriebene Verkopftheit unserer Gesellschaft – mit den Medien an der Spitze – bis jetzt nicht sonderlich aufgefallen. Eher eine stammtischartige Besserwisserei über alles und jedes, gepaart mit einer kriminellen Oberflächlichkeit und einer Sucht nach griffigen Klischees von düsterer Schwarz-Malerei.

Auf der anderen Seite muß sich jede Gewerkschaft die Frage gefallen lassen, ob in Tat und Wirklichkeit die von ihr betreuten Arbeiter und Angestellten immer mehr Freizeit wünschen und auch verkraften können? Das Erfolgserlebnis des Gewerkschaftlers darf und sollte keineswegs die kreativen Möglichkeiten der Freizeitgestaltung der von ihm Betreuten überrollen. Der Umgang mit der Freizeit will erlernt werden, – auf daß ein Überfluß an ihr nicht zur Zerrüttung der Familie, zur Trunksucht gar und zu vielen anderen Lastern verleite.

Die Freude am Lernen ist unserer Jugend weitgehend genommen worden. Wir hören nur von Überforderung, Unzumutbarkeit, Leistungszwang, Frust und Streß zuhauf. Ich muß gestehen: Ohne ein wohldosiertes Maß an Streß wäre mein Blutdruck viel zu niedrig. Ohne ein Gefühl von eingebrachter Leistung hätte ich auch keine Freude an meiner Kreativität. Es braucht wohl nicht betont zu werden, daß natürlich alles im Leben auch übertrieben werden kann. Ersichtlich ist das am Beispiel des Wassers, ohne das wir nicht zu leben vermögen, das aber ganze Städte überfluten und beschädigen kann. Gleichheit der Chancen für jedermann und jede Frau sollte unser Motto sein – aber nicht doch eine Gleichmacherei! Ist nicht eine ihrer Folgen auch die Aufblähung der Universitäten, indem junge Menschen sich mit dem Abschluß von Real- oder Berufsschule schämen – ja sogar neuerdings das Abiturzeugnis sie nicht mehr befriedigt? Oder treibt die Gesellschaft die Jugendlichen mit einem immer höher geschraubten Erfolgskatalog in diese Teufelsspirale hinein? Das wäre ein Bumerang: Aus ähnlichen Entwicklungen mangelt es heute an deutschen Handwerkern, die durch Gastarbeiter ersetzt werden mußten und müssen.

Der Talmud fragt symbolisch: Was war zuerst: die Henne oder das Ei? So mancher Arbeitgeber wird seine Einstellung von der Arbeitsleistung abhängig machen. Die Motivation und die Einsatzbereitschaft vieler Arbeiter und Angestellter wird aber ein Widerhall der betrieblichen Förderung sein. Also geht es nicht um die Priorität von Henne oder Ei, sondern um das stetige Bemühen um ein fortwährendes Miteinander. »Er kann lernen.« Das war in gläubigen jüdischen Kreisen immer ein Kompliment, ja, ein erstrebenswertes Ziel. Jeder Unternehmer täte gut daran, es auch heute im Betrieb zu fördern. Ohne seine Erwachsenenbildung, die auch zu größten Notzeiten niemals aufgegeben wurde, hätte das Judentum so manche Verfolgung wohl nicht überleben können. Die geistigen Werte und die Zugangsmöglichkeit zu den alten Quellen waren es immer wieder, die Hoffnung und Mut einzuflößen vermochten. Gerade zu einer Zeit von Frühpensionierung, der Teilzeitarbeit und der Arbeitslosigkeit kann also die Erwachsenenbildung im Betrieb nicht hoch genug geschätzt werden.
Ein heißes Eisen in der Arbeitswelt ist die Gleichberechtigung der Frau. Im Gegensatz zur landläufigen Meinung hat sie dies in der Bibel weitgehend geschafft. Vor allem im Alten Testament – allerdings nicht bei unserem Bruder Paulus! Aus einer Rippe des Adams ist sie im hebräischen Original jedenfalls nicht geschaffen worden, sondern aus seiner Flanke.
Ein Übersetzungsfehler also mit tragischen Folgen. Hätte Gott sie zur Dienerin Adams bestimmt, besagt eine alte Weisheit, so hätte Er sie wohl nach orientalischer Symbolik aus dessen Füßen entnommen. Hätte Er sie hingegen zum Herrschen programmiert – so hätte Er sie aus Adams Kopf entspringen lassen, wie Pallas Athene einst aus dem Haupt des Zeus kam. In der Bibel aber stammt Eva aus Adams Flanke. Warum? Auf daß sie Seite an Seite mit ihm das Leben meistern möge! Auf dieser Grundlage häufen sich die biblischen Erzählungen von tapferen, berufstätigen Frauen, die ihren Mann zu stellen wußten. Vom »Heimchen am Herd« oder der »tumben, unterdrückten jüdischen Frau« kann nicht die Rede sein. Auf biblischer Grundlage setze ich mich ausdrücklich für die Gleichberechti-

gung der Frau auch in der Arbeitswelt ein; für eine Automatik der 40% Quoten-Frauen habe ich jedoch keinen Anhaltspunkt gefunden.
Wir beachten heutzutage auch eine Verwischung der herkömmlichen Grenze zwischen Facharbeitern und der mittleren Bürgerschicht. Dies äußert sich ganz deutlich z. B. in der Tatsache, daß nur 33% der westdeutschen Arbeiter in den Gewerkschaften organisiert sind – und in der D. A. G. – (Deutsche Angestelltengewerkschaft) – 25% der Angestellten. Der bundesdeutsche Facharbeiter und Handwerker gehört häufig auch zu den Stammwählern der bürgerlichen Parteien – während sich »Republikaner«, wie neuerdings erforscht wurde, aus der unteren Bürgerschicht und auch aus sich benachteiligt fühlenden ehemaligen SPD-Wählern rekrutiert haben. Auch in den Konsumgewohnheiten von Arbeiter- und Bürgerschicht – von der Wohnungseinrichtung über Reisebedürfnisse bis hin zur Mode – findet eine deutliche Nivellierung statt.
Der Marsch der Frauen zur vollen Gleichberechtigung wird nicht aufzuhalten sein – solange Frieden, Wohlstand und die Pille uns erhalten bleiben – auch wenn sich heute noch eine Kluft auftut zwischen der erfolgreichen Vorkämpferin und der Frau an der Basis. Erst die zukünftigen Geschichtsbücher werden die Umwälzungen zu schildern wissen, die sich im Leben der Frau in der 2. Hälfte dieses Jahrhunderts angebahnt haben. Die Bedeutung ihres Rechts auf eigene Kranken- und Sozialversicherung bis hin zum Rentenanspruch kann nur derjenige schätzen, der den Vergleich mit den Lebensbedingungen der Frau nicht scheut, wie sie auch hierzulande bis Bismarcks Zeiten noch üblich waren. Die Frau – auf den Mann total angewiesen – war in der Regel unselbständig und vogelfrei.
Wir leben in einer Zeit des Umbruchs. Der Stellenwert von Alt und Jung hat sich ebenfalls verändert. Früher war der Ältere als Tradent der akkumulierten Weisheit und Erfahrung akzeptiert und geschätzt. Der Jüngere war auf ihn weitgehend angewiesen. Mit der rapiden Entwicklung von Technologie und Automation hängt nun der Ältere von der Elastizität des Jüngeren ab, der die stetigen Neuerungen der angewandten Wissenschaf-

ten besser zu integrieren vermag. Angesichts der zunehmenden Vergreisung unserer Gesellschaft könnte es eines Tages einen Seniorenberg geben – also: Menschen, mit denen man nichts mehr anzufangen weiß!
Die Zerrüttung so mancher Familie auf diesem Hintergrund ist ein trauriges Phänomen unserer Tage. Haben wir vielleicht im Rausch der Technisierung die berufliche Erfahrung, die Besonnenheit und die Gabe des reifen Abwägens zu schätzen verlernt? Die Horrorszenarien mehren sich: Demnächst werden je zwei Berufstätige – oder gar einer – einen Rentner ernähren müssen, so heißt es! Schließlich darf es keine Gefälligkeitsleistung sein, die Rentnern gewährt wird. Es ist und bleibt Pflicht unserer Gesellschaft, ihre Alten nicht preiszugeben. Genau wie die Sorge um und für Arbeitslose, Behinderte und Kranke unser aller Anliegen bleiben muß. Es ist aber auch eine Frage der Semantik und des menschlichen Miteinanders: Im Generationenvertrag darf keine Überheblichkeit zum Ausdruck kommen, indem der junge Arbeitnehmer angeblich für einen alten »Genießer« sorgt. Schließlich co-finanzierte ja der Rentner mit seinen Steuern ein Leben lang Fußballspiele, Oper und Theater, Autobahnen und vieles mehr – in dessen Genuß er eventuell nie gekommen war. Also, auch eine verbale Solidarität von Jung und Alt wäre dem sozialen Klima förderlich!
Wir haben uns der Frage gestellt: Ist Arbeit Fluch oder Segen? Zutiefst gesehen kann sie beides sein: ein Januskopf also. Sie mag zur *Imitatio Dei* inspirieren, zur Weltverbesserung und zugleich zur Selbstverwirklichung jedes kreativen Menschen. Sie kann aber auch zur grausamen Versklavung und Ausbeutung führen. Die Beispiele sind wohlbekannt – vom Frondienst der Kinder Israel im alten Ägypten bis zum tödlichen Schlagwort »Arbeit macht frei« an den Toren von Auschwitz. Die Bibel jedenfalls ist von Anfang an für die Humanisierung der Arbeit – von Einheimischen und Fremden zugleich. Die Sklavenhaltung, eine Säule der antiken Wirtschaft, wurde von den Rabbinern verboten – viele Jahrhunderte ehe man sich in Europa zu einem solchen Schritt aufraffte. Eine bleibende, immergrüne Lektion haben wir daraus gelernt: Es ist leichter, Menschen aus

der Knechtschaft zu befreien, als die Sklavenmentalität in ihren Herzen zu tilgen.
Man kann täglich beobachten, wie aktuell diese Erfahrung noch immer ist – im Privaten wie auf politischer Ebene. In unserer Zeit von Streiks und Schlichtungsbemühungen fällt mir so manche Erwähnung von dergleichen Ereignissen in Bibel und Talmud ein. Es ist weithin unbekannt, wie häufig schon vor 2000 Jahren sich die Rabbinen auf die Seite der Arbeitnehmer zu schlagen pflegten. Was den Rabbi Jesus betrifft, lassen Sie mich zwei seiner Aussagen stellvertretend für viele zitieren, um alle Gerüchte von seiner angeblichen Weltfremdheit zu widerlegen. Einerseits sagte er: »Der Arbeiter ist täglich seines Lohnes wert.« Andererseits aber fragte er in einem Gleichnis: »Warum hast Du denn mein Geld nicht auf die Bank gelegt?« Die Welt der Wirtschaft und der Arbeit war ihm vollkommen vertraut, wie sein Vokabular und seine Predigt es mit Nachdruck bezeugen. Aus seinem und dem rabbinischen Lehrgut wären viele Anregungen für ein besseres soziales Miteinander zu gewinnen – auch für zerstrittene Parteiungen im Gewerkschaftsbereich und der Politik.

Chassidismus: Die fröhliche Frömmigkeit des Judentums

Als die letzte Phase der jüdischen Mystik wird der Chassidismus der osteuropäischen Juden des 18. Jahrhunderts dargestellt – dessen Geschichte aber noch immer weiterlebt und wirkt. Seit der Schoah, die seinen Mut zur Zukunft nicht gebrochen hat, ist er eher ein weiteres Glied in der ewigen Kette jüdischer Neubesinnung über Gott, Seine Welt und: die oft unbegreifliche Sendung des Judentums. Wichtiger als sein mystischer Beitrag ist jedoch die historische Leistung dieser Bewegung, die neue Wege nach innen und nach oben zu öffnen vermochte, als Pogrome, Vertreibungen und Kriege alle Wege nach vorne zu verriegeln drohten. Die große Tat des Chassidismus ist nicht, daß er den Wirklichen, Wirksamen Gott lehrte und lehrt, sondern daß er – im Rückgriff auf die alten Quellen – die Anredbarkeit Dieses Gottes als tagtägliche Möglichkeit zeigte, das Du-Sagen zum Herrn der Welt, den unmittelbaren Umgang mit Ihm, in allen Niederungen des grauen Alltags.

Mehr noch! Nur aus der Heiligung der Alltäglichkeit wächst schrittweise die Kraft der Erlösung heran. So ist also der Chassidismus die zum Ethos gewordene Mystik des Judentums, die auch dem Exil und dem Leiden einen gottgewollten Sinn abtrotzt. Der Chassidismus ruft jeden einzelnen Menschen zur Mitarbeit am Heilswerk der Weltverbesserung auf – wobei die Betonung auf die Freude an der Tat gelegt wird. Die Sehnsucht nach der Heilszeit verbindet er mit volkstümlicher Frömmigkeit, die den Menschen nie überfordert – um letzten Endes die Unerlöstheit dieser Welt als tagtäglichen Ansporn zu deuten; ein Ansporn, um die messianische Erfüllung durch geistige, gläubige Erneuerung unermüdlich zu beschleunigen.

Der Stifter des Chassidismus war Rabbi Israel Ben Elieser (1700–1760), genannt *Baal-Schem-Tow*, was soviel bedeutet wie »Der Meister Des guten Namens«. Seine Lehren versuchten die Gesetzeskasuistik der jüdischen Talmudspezialisten,

wie sie sich in der Diaspora Osteuropas entwickelt hatte, zu vereinfachen. Der Begriff *Chassid* ist biblisch und bedeutet soviel wie »begnadet, liebevoll und hingebend«. Ein Chassid ist ein Frommer, der dem Herzen und seinen Regungen den Vorrang einräumt vor der Gelehrsamkeit des Kopfes. Alle chassidischen Lehren sind in Geschichten und Parabeln enthalten – niemals in trockener Dogmatik oder abstrakter Didaktik. Sie entsprechen dem Bestreben dieser Bewegung, ihre gesamte Frömmigkeit der heiteren Gelassenheit, der Freude und der Lebenshingabe zu widmen. Gesamtaskese wird von ihnen als Zeichen des fehlenden Sinnes für Schönheit und für Ganzheit abgelehnt. Als Mitte der Frömmigkeit gilt ihnen das Psalmwort: »Dienet Dem Herrn mit Freude!« (Psalm 100,2) Jeder Mensch soll die Fähigkeiten, die in ihm schlummern, zur Vollkommenheit entwickeln, und auf diesem Wege führt ihn die Nächstenliebe über die Erkenntnis der absoluten Gleichwertigkeit aller Menschenkinder – letztlich zur Erkenntnis des Göttlichen Funkens, der in seinem eigenen Herzen brennt. Die Gottesliebe des Chassid ist also keine vorgeschriebene, übermenschliche Zuwendung zu Einem Fernen Schöpfer-Gott, sondern eine lebensbejahende Liebe zum Allgegenwärtigen Gott, Der in jedem Wesen leibt und lebt. Der Begnadete zwischen Gott und der Welt ist der Zaddik, der Gerechte, also: der chassidische Rabbi, oder »Rebbe« benannt, der sich nicht mit der Kenntnis der Torah und des Talmuds begnügt, sondern das »freudige Anhaften des Menschen an Gott« tagtäglich fördert, lehrt und den Seinen unermüdlich vorlebt.
Zur Geschichte dieser Volksbewegung: Der Chassidismus kam auf in Russisch-Polen zur Zeit, als sich das osteuropäische Judentum kaum erholt hatte von zwei Katastrophen, die tiefe Wunden hinterlassen hatten: der Sabbatianismus als eine tiefe Enttäuschung über das Versagen und den Abfall eines falschen Messias namens Schabbetai Zewi, der dem Volk die bevorstehende Erlösung vorgegaukelt hatte, zehntausende voller Begeisterung zunächst mitgerissen und dann in eine tiefe Depression gestürzt hatte, als er im Jahre 1666 zum Islam übertrat. Die zweite Katastrophe, die das Volk befiel, waren die Po-

grome des Kosakenhäuptlings Chmelnitzky, der in den Jahren 1648–1650 Dutzende von jüdischen Gemeinden in Russisch-Polen dezimiert hatte.

Da der Chassidismus aus den untersten jüdischen Volksschichten kam und den Ärmsten der Armen auf einfachste Art neuen Trost und Zuversicht einzuflößen bestrebt war, hatte er bald einen Teil der etablierten Talmudlehrer gegen sich: die *Mitnagdim*, also die *Opponenten*. Diese sahen den Schwerpunkt ihres Judeseins eher in der intensiven, fast asketischen Gelehrsamkeit – ganz im Gegensatz zur fröhlichen Toraherfüllung der neuen Bewegung. Hier muß betont werden, daß die Chassidim damals wie heute die Gebote genauso ernst nahmen und nehmen wie ihre Gegner – der Geist der Erfüllung jedoch macht den Unterschied.

Schon in der zweiten Generation nach dem Gründer (dem »*Bescht*«) begannen Nebenzweige sich im Chassidismus zu entwickeln, die unter verschiedenen *Zaddikim* in diversen polnisch-russischen Städten zur Blüte kamen und nach diesen Städten benannt sind, wie z. B. Lubawitch, Lublin, Mir, Ger, Bratslaw, Zans, Sadagora und viele andere mehr. Ihre Anhänger waren meist arme Handwerker. Nicht auf große Taten kommt es an, noch auf großartige Dinge, sondern die unscheinbaren Alltagsverrichtungen sollten so getan werden, daß sich im Herzen etwas wandelt. Nicht zufällig spielt folgendes Wort in der chassidischen Tradition eine große Rolle: »Henoch war ein Schuhflicker. Aber mit jedem Stich seiner Nadel, mit dem er das Oberleder mit der Sohle vernähte, verband er Gott mit Seiner Schechina (Gottes Einwohnung in dieser Welt).« Die Bewegung legt Zeugnis dafür ab, daß es eine Begegnung von Gott und Mensch nicht nur in längst vergangenen Zeiten gegeben hat, sondern daß sie immer wieder möglich ist – wenn Menschen bereit sind, auf Gott zu hören und sich mit Ihm einzulassen. Und wie die biblischen Geschichten jeden Hörer in die Geschichte mit Gott verwickeln, so wollen auch die chassidischen Geschichten, die in zahllosen Versionen in aller Welt im Umlauf sind, die Aufmerksamkeit wecken für die Alltagsbegebenheiten, in denen Sich Gott zu Wort zu melden liebt.

Nach einer alten Tradition sind es 36 unbekannte Gerechte, die unsere Welt tragen, um derentwillen sie weiter existiert – trotz der Sünden aller anderen Menschen. Die Gerechten selbst aber wissen es nicht, daß sie zu den wenigen Erwählten gehören. Wie in jeder charismatischen Bewegung hat sich aber im Laufe der Zeit folgende Entwicklung abgespielt:
Zunächst wurde vom Zaddik nicht erwartet, daß er in allen theologischen Streitfragen Entscheidungen träfe. Er war vielmehr ein Mann der Lebenspraxis, der die Worte der Torah in die eigene Existenz beispielhaft einweben und vorleben konnte. Die Gemeinde lernte von ihm, wie er sich mit seiner Familie in seinem Handwerk und mit den Mitmenschen – Juden wie Nichtjuden – alltäglich verhielt. Seine Bewährung in Krisenzeiten flößte Hunderten Mut ein, durchzuhalten und vor allem tagtäglich, allstündlich auf das Kommen des Messias zu harren. Im Laufe der breiteren Wirksamkeit der Bewegung übernahmen aber manche Zaddikim immer mehr auch verantwortliche Funktionen des Alltags: Sie gründeten neue Gemeinden und erbauten Schulen. Hier sei übrigens auf die Zentralität des Cheders im Judentum hingewiesen – der Einschulung der allerkleinsten Kinder, die auf kindliche Art vom 3. Lebensjahr an bereits mit den Erzählungen der Torah vertraut gemacht wurden. Wer weiß, ob hier nicht die viel gerühmte Quelle der jüdischen Nobelpreisträger zu finden ist? Schließlich übernahmen etliche »Wunderrabbis« – denn auch solche entpuppten sich im Laufe der Jahrhunderte im Kreise der Chassidim – die Funktionen der amtlichen Seelsorger. Ja, es kam sogar zu einem Wetteifern der Schulen um die Frage, wessen Rabbi Gott näher zu stehen verdiente und größere Wunder zu tun vermochte.
Bis auf den heutigen Tag erzählen alte Rabbis in Dämmerstunden in den verstaubten »Stiblach« ihren Schülern von den großen Gestalten der Bewegung, ihren Wundertaten, den Berichten, wie sie das etablierte Judentum ihrer Zeit wieder mit neuem Leben erfüllten, die messianische Hoffnung in ihrer tristen Umgebung neu entfachten – und den Umgang mit der Torah zu einem alltäglich neuen spannenden Erlebnis zu machen verstanden. So gedieh das jüdische *Shtetl* in Osteuropa in all

seiner Armut und geistigem Reichtum bis in unser Jahrhundert hinein.
Das Desaster der Schoah traf den Chassidismus ganz besonders stark, da die armen Leute nicht in der Lage waren, rechtzeitig zu flüchten. Von etlichen Rabbinen und ihren Gemeinden wird berichtet, daß sie mit Gebet und Vertrauen in die Gaskammer gingen, in dem Bewußtsein, ein stellvertretendes Sühneopfer – im Sinne der Mutter Hanna aus Makkabäerzeit – für diese sündige Welt darzubringen. Von den Überlebenden und den vorher bereits in einigen Ländern der Neuen Welt existierenden Gemeinden wurden nach dem Krieg voll bewährtem Optimismus neue Schulen mit all ihren Institutionen des Lernens begründet. Heute ist die Bewegung ein beliebtes Ziel für bußfertige »Rückkehrer« (wie sie sich nennen) aus allermodernsten jüdischen Kreisen in Israel wie auch in Nord- und Südamerika. In den chassidischen Gemeinden werden sie mit offenen Armen aufgenommen und finden dort dasselbe begeisterte Judentum, das ihre Vorfahren vor einigen Jahrhunderten bereits mit jüdischem Geist erfüllt hatten. Ihr Prinzip lautet heute wie vor 2000 Jahren: Wo ein bußfertiger Rückkehrer steht, kann und darf der Hohepriester nicht stehen!
Insbesondere zeichnet sich heute die Lubawitcher Bewegung durch ihre innerjüdische Missionstätigkeit aus. Sie wirkt von New York aus überall, wo Juden in Not sind, wie z. B. in Osteuropa, in den arabischen Gebieten, aber auch in den Wohlstandsländern, wo die geistige Armut zu grassieren scheint. Lubawitcher Chassidim sind aber auch politisch aktiv und haben Gefolgsleute bis in die höchsten Stellen der israelischen Politik – überall mit dem Motto und dem brennenden Wunsch, alles zu tun, um dem Messias die baldigste Ankunft zu ermöglichen.
Eine psychologische Konsequenz des Holocaust ist die penible Treue, mit Wort und Tat den alten ehrwürdigen Traditionen entsprechend zu leben. Gerade weil so wenige die Scheiterhaufen überleben konnten, fühlen sie sich verpflichtet, die Fackel ihrer Botschaft in alle Welt zu tragen und an die nächste Generation unversehrt weiterzugeben. Bei aller Weltoffenheit – der heutige Rabbi von Lubawitch war z. B. Ingenieur der Sorbonne

von Paris – bleibt die tägliche Erwartung des Messias das Zentrum der Hoffnung.

Die Kaftane und Pelzhüte, die die Kleidung der Chassidim so auffällig gestalten, haben übrigens nicht das geringste mit den Kindern Israels im Lande der Bibel zu tun – dazu wären diese Kleidungsstücke viel zu warm! Sie datieren vielmehr auf die Kleidung der »Schlachta« im Polen des 16. Jahrhunderts zurück – das ist der Landadel, der die Juden damals in seine gehobenen Dienste nahm und ihnen gestattete, diese Kleidung als Zeichen ihrer Ämter zu tragen. Inzwischen wurden sie zur »Tradition der Väter«.

Wie zu Zeiten des Neuen Testaments, des Mittelalters und der Neuzeit auch, sind die Schulen untereinander heftig zerstritten. Es geht um Auslegungsfragen der Bibel, die Anwendung und Geltung von liebgewordenen Gebräuchen und die Intensität der messianischen Erwartung. Auch die Einstellung gegenüber dem Staat Israel ist keineswegs einheitlich: Während der Rabbi von Satmar in Brooklyn dem Zionismus seine Anerkennung auf theologischer Basis verweigert – da dieser die Torah nicht zum Grundgesetz des Staates Israel gemacht hat – fördert der Lubawitcher seine Dörfer in Israel aufs intensivste – ohne jedoch die Laizität des Staates und alle Nuancen seiner weltlichen Politik zu billigen und ohne den Staat je betreten zu haben.

Wir fassen zusammen: Trotz der vergangenen Jahrhunderte mit all ihren Katastrophen bleiben die alten Ideale des Chassidismus insgesamt weiter in Kraft. Es geht hier vor allem um die Dreiheit von *Demut, Lebensfreude* und *Hingabe im Gebet*, gekrönt von der *Zedaka*, d. h. Mitmenschlichkeit mit Gerechtigkeit vermählt. Wer den Alltag und die Feste der Chassidim – wo immer sie heutzutage in ihren Gemeinden leben – miterlebt hat, wird den Eindruck der Freude und Hoffnungskraft, mit denen ihr Judentum erfüllt ist und auch zur Ausstrahlung kommt, niemals vergessen. Es ist eine lebendige Widerlegung der alten christlichen Klischees vom trockenen, gesetzlichen, angeblich auf Gebotserfüllung allein konzentrierten Judentum. Wie in manchen christlichen Lehrbüchern noch immer nachzulesen ist, gibt es angeblich eine Gegenüberstellung von »Gesetz« und

Liebe – d. h. Altem vis-à-vis Neuem Testament. Im chassidischen Alltag hingegen erfahren wir eine organische Verschmelzung von Liebe und Gesetz; denn aus Liebe wurde uns die Torah gegeben und nur aus Liebe wird sie von den Frommen auch befolgt.
Es muß immer wieder betont werden, daß in beiden Testamenten der Bibel Liebe und Gesetzlichkeit eng miteinander verschlungen sind, wie auch Rabbi Jesus von Nazareth in seiner Verkündigung immer wieder beweist; er, der nicht müde wird, sich auf seine Bibel, nämlich dieselbe Torah von Sinai, zu beziehen und zu berufen. Schließlich stammt das Wort, daß »eher Himmel und Erde vergehen werden, als ein einziges Jota der Torah«, vom Nazarener; ein Wort, daß jeder Chassid ohne Zaudern nachvollziehen und bestätigen könnte. In diesem Sinne könnten wir Jesus von Nazareth problemlos in die Reihe der Chassidim, je sogar unter die Torah-Verschärfer einreihen – während der Rabbi Schaul von Tarsus ein Vorläufer der heutigen Reformbewegung des Judentums gewesen sein könnte. Niemals ist für sie alle diese Torah ein Selbstzweck gewesen, sondern Lebenshilfe, die dem Zweifüßler zur wahren Menschwerdung verhelfen will.
Ihr Ziel ist dreifach, wie die Chassidim betonen: Menschenwürde zu verwirklichen, den Alltag zu heiligen und diese Welt zu veredeln.
Um die Torah richtig zu verstehen, ist und bleibt der Anfang des Psalters immer noch der beste Schlüssel: »Selig wer nicht wandelt im Rat der Gottlosen... sondern Lust hat am Gesetz Des Herrn und sinnt über Seine Lehre Tag und Nacht« (Ps 1,1). Diese *Lust am Gesetz*, wie Luther übersetzt, diese »Freude am Gesetz Gottes«, wie Paulus (Röm 7,22) sie predigt; diese »Freude an der Torah«, wie die Chassidim, ja alle gläubigen Juden es ausdrücken, ist das Kernstück der traditionellen jüdischen Weltanschauung, die weder Joch noch Last, weder Legalismus noch Leistungszwang in all den 24 Büchern der Bibel zu finden vermag, sondern einen Weg des Lebens, von der Wiege bis zur Bahre. Und wie das Leben so ist, gibt es im Alten und im Neuen Testament sowohl Sünde als auch Vergebung; Schelte

und Lobpreisung; Strafankündigung und Heilsverheißung; Strafe, Barmherzigkeit und Gnade.
Auch Jesus lehrte, lebte und predigte sein Leben lang für Juden, im Lande der Juden, im Rahmen und auf Grund dieses selben Alten Testamentes, der Hebräischen Bibel. Das Neue Testament kannte er natürlich überhaupt nicht, da dieses erst Jahrzehnte nach seinem Tode niedergeschrieben worden ist. In gewissen christlichen Kreisen kursiert nun die gängige Aussage: Aber Jesus war doch ein Gegner des Judentums! Da hätten wir aber eine lange Liste von Gegnern des Judentums aufzuweisen, die mit den Propheten Samuel, Amos, Jesaia, Hosea und anderen beginnt und heute ihre Fortsetzung bei den chassidischen Rabbinen findet, die allesamt, wie Jesus von Nazareth, aus Liebe zu Israel, nicht an Scheltreden, Mahnungen und Rügen gespart haben – aber nur um sündige Juden zurück zur Buße und in die Hoffnung auf die Gnade Gottes zu rufen. Es geht in diesen Fällen oft um die Zurechtweisung von einzelnen, Konkurrenz-Schulen und Auslegungsgegnern, aber nie um eine Distanzierung von Israel insgesamt.
Ich kann es mir nicht verkneifen, auf einige auffallende Parallelen zwischen – man höre und staune – dem *Bescht* und dem Rabbi von Nazareth hinzuweisen, die bei einer Distanz von 1700 Jahren und vielen Tausenden von Kilometern doch nur mit einer Geistesverwandtschaft zu erklären sind. Was uns eigentlich angesichts der Tatsache, daß beide Rabbinen waren und begeisterte Juden noch dazu, nicht wundern sollte. Wie Jesus hat auch der Bescht nichts Niedergeschriebenes aus seiner Botschaft hinterlassen, noch haben sie beide jemals Teile ihrer Lehre anderen diktiert. Wie bei Jesus sind auch im Falle des Bescht Jahrzehnte verstrichen, ehe ein Jünger eine Sammlung von Hauptaussagen und Berichten von Wundertaten niedergeschrieben und veröffentlicht hat. In beiden Fällen wuchs die Verehrung in der Nachdichtung späterer Generationen ins Legendenhafte. Die Berichte über Geburt, Wundertaten und Tod der beiden Meister wurden – wie bei anderen sagenumwobenen rabbinischen Gestalten – mit Legenden mythologisiert; wobei es häufig zu einem Wettstreit unter den Schulen

kam, wessen Bericht wohl dem Charismatiker am gerechtesten werde. Die Versuchung durch Satan; der Zwölfjährige als Wunderkind; die Betonung der Armut als Tugend; Weherufe gegen die Reichen; die Glaubensstärke als die Fähigkeit, Berge zu versetzen; Abscheu vor den Heuchlern; die Kunst, in Gleichnissen und Parabeln zu lehren – all dies und noch viel mehr verbindet die beiden Rabbis, die auf Anhieb so gut wie nichts miteinander gemein zu haben scheinen.

Wie haben die Rabbinen und später die Chassidim ihre Lehre an den Mann gebracht – auch zu Zeiten von Verfolgungen und Analphabetismus? Ihre große Stärke war und ist bis heute die Erzählerkunst und die Parabeldichtung. Auch hier würde jeder Christ an Jesus und seine Methoden erinnert werden.

Mit den Schwierigkeiten der Weitergabe der Tradition, mit denen wir alle, so oder so, zu ringen haben, befaßt sich folgende tiefsinnige chassidische Erzählung:

> Wenn der Bescht etwas Schwieriges zu erledigen hatte, irgendein geheimes Werk zum Nutzen der Geschöpfe, so ging er an eine bestimmte Stelle im Walde, zündete ein Feuer an und sprach, in mystische Meditationen versunken, Gebete – und alles geschah, wie er es sich vorgestellt hatte. Wenn eine Generation später der Maggid von Meseritz dasselbe zu tun hatte, ging er an jene Stelle im Walde und sagte: »Das Feuer können wir nicht mehr machen, aber die Gebete können wir sprechen« – und alles ging nach seinem Willen. Wieder eine Generation später sollte Rabbi Mosche Leib aus Sassow jene Tat vollbringen. Auch er ging in den Wald und sagte: »Wir können kein Feuer mehr anzünden, und wir kennen auch die geheimen Meditationen nicht mehr, die das Gebet beleben; aber wir kennen den Ort im Walde, wo all das hingehört, und das muß genügen.« – Und es genügte. Als aber wieder eine Generation später Rabbi Israel von Rischin jene Tat zu vollbringen hatte, da setzte er sich in seinem Haus auf seine Bank und sagte: »Wir können kein Feuer machen, wir können keine Gebete sprechen, wir kennen auch den Ort nicht mehr,

aber wir können die Geschichte davon erzählen.« Und – so fügt der Erzähler hinzu – seine Erzählung allein hatte dieselbe Wirkung wie die Taten der drei anderen.

Unser aller Problem ist ja heutzutage, wie erzählen wir unseren Kindern – ja, auch unseren Kirch- oder Synagogengängern, vom Glauben? Auch hierzu gibt es eine inzwischen klassisch gewordene chassidische Geschichte – von der Macht des Wortes und der Kraft des überzeugenden Erzählens:

Eine Geschichte soll man so erzählen, daß sie schon durch das Erzählen eine Hilfe leistet«, so sagte einst Rabbi Sussia, dessen Enkel ihn um eine Geschichte vom Baal Schem Tow bat. Und so fuhr Rabbi Sussia fort: »Mein Großvater war seit vielen Jahren gelähmt. Einmal bat man ihn, eine Geschichte von Seinem vielgerühmten Lehrer zu erzählen. Da erzählte er, wie der große Baal Schem Tow beim Beten vor lauter Gottesfreude zu hüpfen und zu tanzen pflegte, bis daß die Engel im Himmel mitsangen, und alle in der Synagoge nicht mehr stillhalten konnten, sondern um ihn herum im Kreis das Tanzbein schwangen: Chiri, chiri, bum; chiri, chiri, bimbam-bum! Als gäbe es kein Leid und keinen Tod mehr auf Erden – nur Freude, Jubel, Dank und Lobgesang. Mein Großvater stand da und erzählte, und die Erzählung riß ihn so ganz und gar hin, daß er hüpfend und tanzend zeigen mußte, wie der große Meister es einst getan hatte, als er noch jung war. Von der Stunde an war mein Großvater geheilt.

So sollte man Geschichten erzählen, auf daß sie Lust zum Glauben machen!
Wenn wir uns heute die vielen Bücher chassidischer Legenden, die es am deutschen Buchmarkt zuhauf gibt, von Buber – über Auerbach, Bin Gorion und anderen mehr, zu Gemüte führen, könnte der falsche Eindruck entstehen, daß das chassidische Leben aus eitel Wonne, Lust und Unbesorgtheit bestand. Daß die meisten Chassidim damals, als diese Geschichten gelebt wurden, sehr arm und oft verfolgt waren, ihr kärgliches täg-

liches Brot mit Mühe erarbeiteten und alle Schwierigkeiten des menschlichen Alltags auskosten mußten, spiegelt sich in so manchen Geschichten wider; wenn auch aus der verklärenden Sicht des bedingungslosen Vertrauens und Glaubens. So erfahren wir die Geschichte zweier Brüder aus Podolien von anno dazumal:

Als Rabbi Sussia mit seinem Bruder einmal unterwegs war, übernachteten sie in einer russischen Herberge. Sein Bruder Elimelech legte sich auf den Herd und schlief ein. Aber Rabbi Sussia legte sich auf den Tisch daneben. Plötzlich drangen einige betrunkene Bauern herein, begannen zu schreien und zu toben und fingen an zu tanzen. Hierauf mißhandelten sie den Rabbi Sussia. Sie schlugen ihn, zausten ihn an seinem Bart und zwangen ihn, mitzutanzen. Während sie ordinäre Lieder sangen, breitete Rabbi Sussia seine Hände zum Himmel aus und summte: ›Wir müssen Gott loben, daß Er uns nicht gemacht hat wie diese Halunken!‹ Zum Schluß ließen sie ihn geschlagen und verwundet am Tisch liegen und zogen hinaus. Da sagte Rabbi Elimelech zu seinem Bruder: »Mein lieber Bruder! Wechseln wir die Lagerstätten! Leg Du Dich auf den Herd schlafen – und ich werde auf dem Tisch liegen!« Nach Verlauf einer Stunde kamen die Betrunkenen zurück und begannen wiederum zu toben. Sie näherten sich dem auf dem Tisch liegenden Rabbi, um ihn zu mißhandeln. Da rief einer von ihnen: »Laß den da in Ruhe, der auf dem Tisch liegt! Der hat schon genug Schläge bekommen! Wollen wir jetzt den anderen, den da auf dem Herd verprügeln!« So holten sie Rabbi Sussia vom Herd herunter, erteilten ihm eine neue Tracht Prügel und zwangen ihn wiederum zu tanzen. Nachher schleppte er sich mit großen Schmerzen zu seinem Bruder und sagte ihm mit einem traurigen Lächeln auf den Lippen: »Mein lieber Bruder Elimelech – wenn es einem Menschen bestimmt ist, Leiden zu ertragen, kann er ihnen auf keinen Fall entgehen.« Und sein Bruder antwortete mit einem Seufzer: »Wie sehr Dich Gott wohl lieben muß, mein lieber Bruder Sussia!«

Und jetzt noch eine Legende vom Baal Schem Tow, die uns allen im christlich-jüdischen Dialog Engagierten als Motto dienen könnte:

> Der Bescht war eines Tages mit seinem neuen russischen Kutscher unterwegs. Sie kamen an einem Kruzifix vorbei, und der Kutscher beachtete die Stätte überhaupt nicht. Kurz darauf befahl ihm der Bescht umzukehren. Auf die erstaunte Frage seiner Jünger, weshalb er seine Reise unterbrochen habe, sagte er: Jeder Mensch sollte seinen Glauben lieben und seine Gebräuche achten. Handelt er ihnen zuwider, verdient er kein Vertrauen. Deshalb wollte ich mit diesem Kutscher die Reise nicht fortsetzen.
> Das sollten wir alle uns ins Stammbuch schreiben. Juden und Christen und alle anderen auch.

So vernehme, lieber Leser, noch folgende drei mir besonders liebe Geschichten aus der Fülle der chassidischen Erzählungen:

Von Ziegen und Zufriedenheit

Zu allen Zeiten zeichneten sich unterdrückte Völker mit einer eingestifteten Portion Humor, ja manchmal geradezu Galgenhumor aus. Bei wohlsituierten Gemeinschaften vermissen wir hingegen diese Eigenschaft. Die chassidische Bewegung des Judentums, die bis zu ihrer Vernichtung im Holocaust in Osteuropa lebte, lieferte in ihrem Legendengut den Beweis für diese These: Die humorvolle Lebensweisheit und das schlichte Gott-Vertrauen dieser armen Minderheit vermögen uns auch heute noch zu überzeugen.

> Itzig der Schneider war stadtbekannt, weniger wegen der Hosen, die er meisterhaft zu flicken wußte, als wegen seiner lautstarken Kinderschar – elf an der Zahl, die die ganze Umgebung verunsicherten. Wie er mit all den Kindern samt Frau, Schwiegermutter und alter Tante in einer baufälligen

Hütte stets zufrieden war, war ein Geheimnis, das niemand zu lüften wußte. Niemand – außer dem Rabbi, der ihm dazu verholfen hatte. Und der war zuverlässig verschwiegen. Doch mit der Zufriedenheit war es nicht immer so gewesen. Bereits als das zehnte Kind zur Welt kam, drohte das Eheglück zu zerbrechen. Das Geschrei der Kinder, das Gezeter der drei Frauen und das Meckern der Ziege, die im Garten vor dem Hause angebunden war, all dies genügte, um aus der Haut zu fahren. Als dann gar Miriam als elftes Kind sich zur Familie gesellte, war die Grenze des Leidvermögens erreicht. Was tun? Itzig ging zum Rabbi um Rat.

»Rabbi, wir sind 15 Seelen in zwei Zimmern. Wir kommen nicht mehr aus miteinander. Hilf uns weiter!«

»Seid Ihr gesund und habt Ihr zu essen?«

»Zu Brot und Suppe reicht es schon«, gab der Schneider zu.

»Was fehlt Dir eigentlich dann?« fragte der Rabbi erstaunt.

»Eng ist es mir« seufzte Itzig, »so eng, daß ich unsere Ziege fast beneide, die allein den ganzen Garten hat.«

»Eine Ziege habt Ihr sogar?« Staunte der Rabbi nachdenklich.

»Ja«, sprach Itzig, »das ist wegen der Milch für die Kleinen.«

Der Rabbi kräuselte sich den langen Bart und sprach: »Hol die Ziege sofort zu Euch ins Haus hinein, Itzig!«

Itzig wurde blaß vor Entsetzen. Ob der Rabbi wohl von Sinnen war? »Zi-Zi-Ziege hinein?« stotterte er vor Aufregung. Doch es war kein Mißverständnis. Und so geschah das Undenkbare: Als 16. Seele bezog die Ziege als Untermieterin das Schneiderhaus. Eine Woche lang hielt Itzig die Hölle auf Erden aus: das bisherige Leid wurde durch das Gemecker und den Gestank der Ziege gekrönt. Dann platzte ihm die Geduld. Gleich nach dem Morgengebet rannte er zum Rabbi und schrie: »So kann es nicht weitergehen, Rabbi!«

»Gut«, sagte dieser – »Geh und bring die Ziege wieder in ihren Garten.«

Gesagt, getan und gegen Mittag schien alles wieder beim alten zu sein. Doch nein! Plötzlich war eitel Friede und Einvernehmen in die Hütte eingekehrt, die nun doppelt so geräumig anmutete. Am Sabbat erkundigte sich der Rabbi bei Itzig nach seinem und der Familie Wohlbefinden. Itzig strahlte von einem Ohr zum anderen und berichtete vom Glück aller 15 Familienmitglieder und der Ziege. Der Rabbi und Itzig zwinkerten einander verständnisvoll zu: »Nun hat sie also doch den Frieden gestiftet, Eure Ziege, nicht wahr«, sagte der Rabbi!
»Ja«, meinte Itzig, »gelegentlich braucht halt jeder einmal eine Ziege, um sich seines Glückes bewußt zu werden.«

Der erlösende Pfiff

Der heiligste Tag des jüdischen Jahres ist der Jom-Kippur, der große Versöhnungstag, an dem fromme Juden fasten und um Vergebung ihrer Sünden beten. Vollbesetzt war einst die Synagoge von Witebsk am Vorabend des Fasttages. Rührung und Ergriffenheit bemächtigten sich der Gemeinde, sobald der geliebte Rabbi zum Betpult schritt. Er beugte sich tief vor den Rollen der Torah und begann mit den Worten, die zum Sündenbekenntnis hinleiten:
»Es möge Vergebung finden die ganze Gemeinde Israel und ...« Die Gemeinde folgte ihm atemlos im Gebet. Doch nun geschieht das nie Dagewesene: Der Rabbi hält inne, kein Laut entweicht seinen Lippen. Verzweifelt blickt er gen Oben. »Warum nur betet er nicht weiter?« fragte sich jederman. Während der Rabbi reglos dasteht, öffnet sich die Synagogentüre und ein Hirtenjunge mit ungekämmten Haar und offenem Bauernhemd tritt schüchtern ein. Während der Rabbi weiter wie gelähmt vor den Schriftrollen steht und schweigt, nähert sich der Knabe, verbeugt sich tief und – pfeift. Anfangs leise, noch unsicher, aber bald gewinnt der Pfiff an Melodie und Lautstärke.
Im Nu stehen etliche Männer beim Pfeifer, um ihn hinauszubefördern – wegen Ruhestörung, versteht sich.

Doch der Rabbi ruft: »Bringt ihn zu mir, bringt ihn zu mir!« Und so geschieht es. »Wie heißt du?« befragt er den erschrockenen Jungen. »Was willst du hier denn eigentlich?«
Aus dem Jungen bricht es heraus: Er und sein Vater waren Hirten, die mehrere Tagreisen von Witebsk entfernt ihr karges Brot verdienten. Nicht einmal Lesen und hebräische Gebete konnte er ihm beibringen. Doch nach seiner Bar-Mitzwa sandte ihn der Vater, mit Brot und Käse ausgestattet, auf die Reise zum nächsten Rabbi, eben nach Witebsk, zum großen Feiertag. Er beruhigte ihn noch vor dem Abschied, indem er sagte: »Gott schaut nicht aufs Äußere und auf Dein Erlerntes, sondern aufs Herz und wie Du Ihn liebst. Daher gib unserem Himmlischen Vater Dein Bestes voller Liebe – was immer Du hast.«
Der Junge erzählte weiter, wie er endlich müde und bloßen Fußes in Witebsk ankam. Was war sein Bestes, das er nun Gott geben sollte? Eben sein Pfiff war es, denn etwas anderes besaß er nicht.
Der Rabbi erwachte aus seiner Nachdenklichkeit und umarmte den Jungen. »Du bist auf dem richtigen Wege, mein Sohn. Das Beste hast Du Ihm gegeben in der Tat, und Dein Pfiff hat die Tore des Himmels für uns alle geöffnet. Unser aller Gebet hat es nicht so überzeugend geschafft.«
Nun schritt der Rabbi zur Torah, und sein Gebet strömte innig und kraftvoll wie niemals zuvor. Die Zuversicht auf Gottes Vergebung aller Sünden erfüllte die Gemeinde mit großer Freude.

Möge uns allen die Gabe eines solchen Pfiffes beschert werden, der ganz vom Herzen kommt und schnurstracks zum Himmel emporsteigt!

Der Siebente Himmel oder noch höher

Die chassidischen Geschichten aus den zerstörten Ghettos Osteuropas haben bis auf den heutigen Tag nichts von ihrer Aussagekraft verloren. Die ganze Bandbreite menschlicher Gefühle spiegelt sich in ihrem lebensnahen Stil wider. Sie sind sogar imstande, alte christliche Vorurteile gegen Juden und Judentum mit feinem Humor überzeugend zu widerlegen. Die folgende Erzählung möge den Beweis dafür liefern:

Für die jüdische Gemeinde in der russischen Kleinstadt Nemirow war es eine ausgemachte Sache, daß ihr Rabbi jeden Sabbat-Morgen in den Himmel stieg. Der Beweis lag ja auf der Hand: Er war eben nirgendwo zu finden und war also fest engagiert als ihr Fürsprecher beim Himmlischen Vater. So war die Lage, bis eines Tages ein Zweifler aus Moskau eintraf. Auf die Geschichte von der Himmelsreise reagierte er mit schallendem Gelächter: »Was Moses nicht einmal geschafft hat – das soll nun in Nemirow allwöchentlich passieren?«

Die Jünger des Rabbis ließen es aufs Äußerste ankommen: »Geh und folge seinen Spuren und überzeuge dich doch!« forderten sie den Zweifler heraus.

Gesagt, getan. Am nächsten Sabbat lauerte der Mann dem Rabbi auf, fest entschlossen, das Geheimnis zu lüften. Was tat der Rabbi? Vor Morgengrauen zog er sich die Kleider eines Bauern an, packte Essen und Trinken für zwei Personen ein, rüstete sich mit Axt und Werkzeugen aus und machte sich auf den Weg in den Wald. Der Zweifler folgte seinen Spuren entsetzt. Nach einer Weile fing der Rabbi an, einen Baum zu fällen, das Holz zu spalten und es zu bündeln. Schwer beladen setzte er den Weg fort, bis er zu einer einsamen Hütte in einer Lichtung kam.

»Bist du es, Iwan«, fragte eine schwache Stimme auf sein Klopfen hin.

»Ja, ich habe etwas Holz übrig von meinem Lager und es dir gebracht.« »Schön, daß du mir wieder helfen kommst«, erwiderte die Frau. »Der Himmel wird es dir vergelten, komm herein!«

Der angebliche Iwan betrat die Hütte, und unser Zweifler kam aus dem Staunen nicht heraus. Innen machte der Rabbi Feuer, half der todkranken einsamen Frau aus dem Bett, kochte ihr eine warme Suppe und fütterte sie alsbald.

»Unser Vater füttert uns alle auch; warum soll ich es Ihm nicht ein klein wenig gleichtun bei dir?« So sagte er ihr. »Wie schade, daß ich jeden Tag am Bau arbeiten muß, so daß du so verlassen bist, bis ich wieder kommen kann.« Sodann machte er sich auf den Weg zurück nach Nemirow, zog sich um und ging in die Synagoge, mit der festen Überzeugung, Gott mit Leib und Seele gedient zu haben.

Der Zweifler aber schlich betroffen und nachdenklich vom Wald zurück. Wenn später jemand erzählte, der Rabbi verlasse jeden Sabbat die Erde, um in den Himmel zu steigen, lachte er nicht mehr, sondern fügte hinzu, was inzwischen ein geflügeltes Wort geworden ist: *Wenn nicht noch höher!* Und gelöst stellte er dann fest: »Ja, ich weiß es, alle diejenigen, die Nächstenliebe üben, kommen bestimmt in den Ersten Himmel. Diejenigen jedoch, die es im Verborgenen tun, die gelangen bis in den Siebenten Himmel hinauf, direkt vor Gottes Thron.«

Alle Dialogiker würde ich gerne an ein apokryphes Stoßgebet des Bescht erinnern:

»Vater im Himmel, wenn die Zeit noch nicht reif ist, Deine Kinder Israel zu Gerechten zu machen – mache doch inzwischen Deine christlichen Kinder zu besseren Jesuanern!«